넛지의
천재들

왜 그들이 손대면 팔리기 시작할까

넛지의 천재들

제즈 그룸 · 에이프릴 벨라코트 지음

홍선영 옮김

리더스북

:
.

당신의 비즈니스에
넛지를 달다

우리는 비행기를 타고 지구 반 바퀴를 날아가서 에어비앤비로 예약한 집에 머물렀다. 이베이에서 타이틀리스트 골프채를 성공적으로 낙찰받고 들뜬 마음으로 앵글시에 있는 아이디 골프광_90에게 699.99파운드를 보냈다. 그런 뒤 우버로 부른 도요타 프리우스 뒷좌석에 편안하게 올라탔다.

이런 결정들을 수십 년 전에 누군가에게 이야기했다면 상대방은 경악했을 것이다. 만나보지도 않은 사람을, 하다못해 목소리도 들어보지 않은 사람을 대체 어떻게 믿는단 말인가? 이것은 모두 '판매자 평가seller feedback'라는 간단한 메커니즘이 있기에 가능한 일이다.

인간은 사회적 동물로서, 신뢰로 맺어진 관계망에 의존해 공동체를 형성한다. 예전에 우리는 이웃에게 기꺼이 달걀 한 꾸러미를 건네면서 언젠가 그들이 설탕 한 봉지로 은혜를 갚으리라 믿어 의심치 않았다. 하지만 지금의 경제 상황에서는 우리는 평판이 어떤지 알 수 없는 사람과 거래를 해야 한다. 그렇다면 누구를 믿어야 할지 어떻게 알 수 있을까?

이를 위해 판매자 평가라는 대리 신뢰 시스템에 의존하게 됐다. 가령 우버를 이용하고 나면 사용자는 운전자를 평가하고, 운전자는 사용자를 평가한다. 이렇게 종합된 평가 점수로 당신을 믿을 수 있는지 판단하는 척도가 만들어진다. 다른 사람들에게 긍정적인 평가를 받았다면 당신은 믿을 만한 사람이라는 사회적 증거social proof를 얻은 것이다.

작은 넛지가 불러오는 거대한 변화

겉으로는 판매자 평가가 그리 대단하지 않은 것처럼 보인다. 단순히 별점을 매기는 것 아니냐는 생각이 들겠지만, 천만의 말씀. 판매자 평가라는 작은 특징 하나로 우버와 아마존, 이베이, 에어비앤비 같은 기업이 수십억 달러에 이르는 기업으로 성장할 수 있었다. 이런 작은 넛지nudge, 혹은 수면에 이는 파문은 세계 경제 전반에 나비 효과를 일으켰다. 이로 인해 호텔 및 운송, 소매업의 운영 방식이 완전히 바뀌었다.

이렇게 작은 메커니즘이 경제에 엄청난 효과를 미쳤듯이 다른 사소한 행동의 변화가 비즈니스에 기념비적인 파급 효과를 일으킬 수 있다.

누구든 넛지로 대표되는 행동과학을 활용해 오랫동안 지속되는 긍정적인 변화의 파문을 일으킬 수 있다. 이 책에서는 독자들이 스스로 실천할 수 있도록 영감을 불어넣으면서 구체적인 방법을 소개할 것이다. 누구나 자신의 근무 환경에 넛지를 적용해 변화를 꾀할 수 있기를 바란다.

넛지의 놀라운 발견은 정책에 반영되기 시작했지만 비즈니스에는 아직 널리 적용되지 않았다. 가령 넛지는 우리가 주고받는 대화에, 우리가 쓰는 이메일에, 우리가 디자인하는 웹페이지에 어떤 도움이 될까? 넛지가 어디까지 영향을 미칠 수 있는지, 그 파문이 어디까지 퍼져나갈지 알아보기 전에 행동과학의 발전 과정부터 살펴보자.

넛지를 활용하기 위한 시작

행동과학이 우리의 집합 의식에 서서히 스며들기까지 세 가지 주요한 디딤돌이 있었다. 첫 번째 장대한 한 걸음은, 경제학자들이 오랫동안 고수해온 가정과는 정반대로 인간이 언제나 합리적으로 행동하지는 않는다는 사실을 학계가 인정한 것이다. 1970년대에서 2000년대에 이르기까지 행동과학계를 주름잡던 대부들, 대니얼 카너먼Daniel Kahneman, 아모스 트버스키Amos Tversky, 캐스 선스타인Cass Sunstein, 리처드 탈러Richard Thaler, 댄 애리얼리Dan Ariely, 로버트 치알디니Robert Cialdini가 수백 가지에 달하는 인간 두뇌의 구조적 편향과 의사 결정의 지름길의 정체를 드러냈다.

두 번째 디딤돌은 행동과학을 현실 세계에 적용하는 개념이 널리 알려진 것이다. 바로 2008년에 출판된 리처드 탈러와 캐스 선스타인의 저서, 『넛지』를 통해서였다. 이에 따라 미국과 영국의 정치인들은 일반 대중이 더 나은 결정을 내리는 데 의사 결정의 지름길과 편향이 도움이 되는지를 조사하기에 이르렀다. 예를 들어 누구나 노후를 위해 돈을 모으고 싶어 하지만, 한편으로는 안정적 노후라는 지연된 혜택보다 지금 당장의 더 높은 봉급이라는 즉각적 만족을 원하기도 한다. 정치인들은 우리의 뇌가 기본 설정된 선택안을 그대로 따르려 하는 디폴트 편향default bias을 지니고 있음을 깨닫고 이를 이용해 직장 연금에 자동 등록되는 시스템을 시행했다. 그 결과 시민 입장에서는 목표 저축액을 달성할 수 있었고, 정부 입장에서는 노인 인구 부양이라는 무거운 짐을 덜어낼 수 있었다.

이것이 행동과학의 발전사에서 이뤄진 두 가지 큰 도약이었다. 세 번째 디딤돌, 즉 행동과학의 다양하고 놀라운 이론을 실생활에 널리 접목시키는 단계에는 아직 완전히 올라서지 못했다. 지금까지 우리는 수많은 문제를 파악하고 그에 대한 잠재적 행동 해법을 알아냈지만 이런 해결책을 실생활에 적용하는 지침은 세우지 못했다. 행동과학을 실생활에, 특히 비즈니스에 적용하는 골치 아픈 과정을 처리할 현실적 도구가 부족했기 때문이다.

우리가 이 책을 쓰게 된 것은 "『넛지』 다음엔 무엇인가?"라는 질문에 답하기 위해, "넛지를 우리 삶에 적용하려면 도대체 어디서부터 어떻게 시작해야 하는가?"라는 의문에 답하기 위해서였다.

이 책이 그 답을 제시할 것이다. 여기서는 행동과학의 무수한 기회와 위험을 보여주는 사례 연구를 소개하고 넛지 프로젝트를 순조롭게 시작할 실질적 방법을 제시할 것이다. 이를 통해 독자들은 넛지를 자신의 비즈니스에 적용하고 수용하는 법을 알게 될 것이며 주변 세계를 인간의 두뇌 활동에 더 알맞은 곳으로 바꿔놓을 것이다.

전 세계에서 증명한 넛지 프로젝트의 성과

이제 이 책을 통해 넛지가 전 세계에 걸친 비즈니스에 적용된 사례 연구를 살펴볼 것이다. 각 장의 말미에는 넛지를 실생활에 적용할 때 취할 수 있는 실행 가능한 단계를 세 가지씩 소개한다.

우선 제즈가 행동과학 조직을 처음 세운 런던부터 가보자. 제즈는 행동과학을 실험실 밖으로 끄집어내 현실 세계에 접목시키기 위해 토끼를 주제로 한 일련의 실험을 진행했다. 이를 통해 우리는 행동과학을 실생활에 적용하기 위해 작은 실험을 하는 것이 중요함을 알게 될 것이다. 그다음 런던 그리니치로 향해 가게 셔터에 그린 아기 얼굴이 어떻게 반사회적 범죄를 줄일 수 있었는지 알아볼 것이다. 행동과학의 혁신적 적용은 뜻밖의 충돌에서 비롯되기 때문에 이를 위해 팀을 꾸리는 법도 익힌다. 그런 뒤 소매치기를 방지하는 데에 행동과학이 어떻게 사용되는지 알아보고 이런 아이디어를 실현하기 위한 현실적 단계를 익힐 것이다.

그런 다음 네 장에 걸쳐서 해외로 떠나볼 것이다. 남아프리카공화국에서는 심카드를 더 많이 판매하기 위한 넛지를 고안하는 과정을 따라갈 텐데, 다양한 분야에 포진한 사람들의 통찰력을 끌어 모으는 것이 어떤 도움이 되는지 알아볼 것이다. 더불어 광범위한 응용행동과학의 아이디어를 창안하기 위해 워크숍을 진행하는 법을 살핀다. 파리로 건너가서는 프랑스인들이 탄산수를 더 많이 소비하도록 넛지하는 것이 얼마나 힘든지 알아보고, 상황에 맞춰 그때그때 개입을 조정하는 것이 장애물을 극복하는 데 얼마나 도움이 되는지 알아본다.

태국에서는 사람들의 손세탁 습관을 바꾸는 혁신적인 제품을 고안하는 데 행동과학이 어떻게 활용되는지 알아볼 것이다. 물론 이러한 혁신적인 제품의 생산을 지원하는 생태계가 제대로 조성되지 않았다면 아이디어는 결코 실현될 수 없다. 이 사례를 교훈 삼아 아이디어의 제품화에 도움이 될 인맥을 구축하는 법도 알아본다.

그런 다음 대서양을 건너 멕시코로 향할 것이다. 멕시코인들은 비만이라는 위기의 한가운데에 서 있다. 멕시코인들이 더 건강한 습관을 기르도록 넛지하면서 대규모 행동 변화를 유도하기 위해서는 작은 넛지와 큰 넛지를 종합적으로 활용하는 것이 중요하다는 사실을 익힐 것이다. 더불어 이들 넛지를 하나의 행동 모델이나 이론으로 묶는 법도 알아본다.

이후 다시 영국으로 돌아와 한 조직이 작은 실험을 거쳐 행동과학을 대규모로 수용하고 아이디어를 실현하기 위해 어떤 단계를 밟아야 하는지 알아본다. 또한 형법 제도와 결합한 행동과학이 범죄자의 재범률을 낮추는 데 어떻게 사용되는지 알아보고, 누구든 행동과학을 실생활에 적용할 수 있도록 교육을 진행하는 법을 살펴볼 것이다. 이후 행동과학을 비즈니스에 적용하는 시기의 중요성을 알아보면서 가장 쉬운 눈앞의 결과물이 아닌 제대로 된 결과를 측정하는 것이 왜 중요한지도 알아볼 것이다.

스코틀랜드에서는 중립적 선택 설계choice architecture가 중요해진 시기와 자신의 넛지가 윤리적인지 가늠하는 방법에 대해 알아볼 것이다. 전국적 소매업체 같은 거대 조직에서 행동과학을 활용해 상품을 홍보하는 방법에 대해서도 알아본다.

마지막으로 처음부터 끝까지 모든 과정을 보여주는 두 가지 사례연구를 소개하며 책을 마무리할 것이다. 칠레에서는 도살장 근무자들의 위생 습관을 개선하기 위해 어떤 넛지를 사용했는지 알아볼 것이다. 그런 다음 다시 런던으로 돌아와 벽을 분홍색으로 칠해 공사 현장에서의 위험 행동을 현저히 줄인 사례를 살핀다.

이 책을 읽는 법

우선 이 책을 처음부터 끝까지 읽을 것을 권한다. 그런 다음 자신만의 개입을 고안하고자 할 때에는 책 중간 중간에 소개된 조언을 활용하기 바란다. 각 장에 소개되는 조언에는 1부터 39까지 숫자가 매겨져 있다. 순서대로 따라도 좋고 원하는 대로 선택해도 좋다. 책 전반에 소개된 자료는 온라인에도 게재되어 있으니 찾아가 보기 바란다www.cowryconsulting.com/ripple-book. 이곳에 소개된 자료를 통해 독자들은 자신의 일상에 행동과학을 더욱 풍요롭게 적용할 수 있다.

차례

Chapter 1

넛지가
당신의 행동을
결정한다

넛지와 관련해 처음으로 당신의 호기심을 자극한 것이 무엇인지 기억하는가? 저자 에이프릴의 경우에는 한 심리학 강의에서였다. 강사가 학생들에게 학생증을 꺼내 학생증 번호의 마지막 두 자리를 적으라고 했다. 그런 다음 화이트보드에 비친 와인 이미지를 가리키며 말했다.

"이제 여러분이 이 매력적인 와인에 얼마까지 낼 의향이 있는지 적어보세요."

놀랍게도 학생들이 내놓은 가격은 바로 전에 적은 학생증 번호와 비슷했다. 와인의 가치와 전혀 상관이 없는데도 불구하고 임의적으로 나열된 숫자가 물건의 가치를 판단하는 기준이 된 것이다. 일상에서 이와 같이 하나의 정보에 노출되면 그 정보가 다음의 판단에 영향을 미치는 앵커링 효과anchoring effect를 마주했을 때의 놀라움은 쉽게 잊히지 않는다. 바로 직전에 어떤 심리적 편향에 빠지면 그 효과의 존재를 부정하기 힘들다.

인간의 행동이 의외의 재미있는 상황에서 넛지에 쉬이 반응한다는 사실을 번뜩 깨닫는 순간, 행동과학의 세계를 탐험하는 여정은 시작된다. 실생활에 적용하는 행동과학에 사람들의 흥미를 유발하고 싶다면 이처럼 번뜩 깨닫는 순간을 만들어야 한다. 이를 위해서는 행동과학을 무미건조하고 학술적인 사례 연구를 뛰어넘어 일상 가까이로 들여와 우리의 삶과 맞닿아 있다고 느끼게 해야 한다.

파티에서 누군가에게 일상에 적용된 행동과학의 묘미를 설명한다고 해보자. 암스테르담 스키폴 공항 소변기에 그려진 파리 이야기를 하면서 상대방의 상상력을 자극하고자 한다면 새로 사귄 친구에게 다음과 같이 설명할 수 있겠다.

"환경적으로 새로운 상황을 설계하면 남성의 관심을 특정 영역으로 돌릴 수 있다는 가설을 시험하기 위해 화장실에서 무작위 대조 실험을 진행했습니다. 소변기에 작은 그림을 하나 그려 넣어서 그 표적을 조준하고자 하는 남성의 욕구를 자극했더니 새는 소변이 현저히 줄어들었습니다."

그렇지 않으면 이야기에 조금 더 색을 입힐 수도 있다.

"실제로 보면 공항 화장실에서 마주치는 남성들은 대부분 지독히 따분해하거나 말도 못하게 취했거나 아니면 둘 다입니다. 그러다 보니 다들 소변기에 제대로 조준하든 말든 개의치 않았고 바닥에 소변을 보는 사람도 허다했죠. 그런데 소변기에 파리 한 마리를 그려놓은 뒤로는 남성들이 무의식적으로 파리를 조준하기 시작했고, 결국 소변이 새는 경우가 80퍼센트나 줄었습니다."

어떤 이야기에 귀가 솔깃해지는가? 번뜩 깨닫는 순간을 촉발할 가능성은 두 번째 이야기가 더 커 보인다. 듣는 입장에서도 두 번째 이야기에 공감하기가 더 쉽다. 아무리 인상적인 발견이라 해도 딱딱한 설명으로 사람들을 눈멀게 하기보다는 행동과학이 자신의 삶과 업무, 인간관계와 이어져 있다는 사실을 깨닫고 흥미를 보이도록 돕는 것이 좋다.

제즈가 세계적인 마케팅 회사 오길비에 행동과학 조직을 만들어 하고자 한 일도 바로 이런 것이었다.

행동과학이 필요한 이유

• • •

2011년에 제즈는 오길비의 통합 전략 담당 이사로 재직 중이었다. 제즈는 그동안 긴밀히 협력해온 로리 서덜랜드Rory Sutherland 오길비 부회장과 함께 행동과학을 마케팅에 적용하는 것을 유일한 목적으로 삼는 새로운 조직을 꾸리자는 데에 마음을 모았다. 이렇게 새로운 조직 '오길비 체인지Ogilvy Change'를 꾸린 그들은 이제 직원들도 행동과학에 흥미를 느끼도록 자극해야 했다. 회사의 전 직원에게 행동과학을 소개하려면 그들의 상상력을 자극할 필요가 있었다.

한 가지 선택안은 한 시간 내내 다양한 **휴리스틱**heuristics과 편향에 대해 강의하는 것이었다. 이 자리에서 미국 학계가 행동 경제학을 활용해 '내일 더 모으자Save More Tomorrow'라는 멋진 프로그램을 고안한 결과[1] 40개월 만에 저축액의 비중을 수입의 3.5퍼센트에서 13.6퍼센트로 끌어올린 사례를 소개할 수 있었다.

아니면 《이코노미스트》에서 구독 선택 설계를 고안해 판매 부수와 디지털 판매수를 늘린 사례를 언급할 수도 있었다. 잡지 구독을 희망하는 사람은 디지털 구독만 59달러, 인쇄물 구독만 125달러, 또는 인쇄물과 디지털 구독을 결합해 125달러 중 선택할 수 있었다. 이때 같은 가격으로 온라인 기사까지 접할 수 있다면 누가 인쇄물 구독만 선택하겠는가? 세계적인 경제학자 댄 애리얼리는 실제로 이런 선택지를 접하면 사람들이 비싼 패키지를 더 많이 선택한다는 사실을 발견했다.[2] 반면 인쇄물만 구독하는 선택지가 없는 경우에는 많은 사람이 더 저렴한 디지털 구독만을 선택했다. 이 사실을 보더라도 사람들의 결정이 선택 설계에 따라 달라지며, 행동과학이 비즈니스 성과에 지대한 영향을 미친다는 것을 알 수 있다.

이 방법으로 직원들을 행동과학의 열성팬으로 전향시키려 한다면 기껏해야 두어 명만 설득하고 말 것이다. 바로 이 점이 초창기 행동과학이 지지부진하던 이유다. 행동과학의 여러 지식은 이론 중심이다. 이를 비즈니스에 대입하려면 실생활에 적용할 가능성을 높여야 한다.

마찬가지로 행동경제학의 선조 격인 인물, 대니얼 카너먼이 집필하여 《뉴욕타임스》 베스트셀러에 오른 『생각에 관한 생각』[3]이 사실 학계의 독자들을 대상으로 한 책이라는 점은 역설적이다. 책이 조금 더 대중의 입맛에 맞는 형태로 출판됐다면 훨씬 많이 팔렸을지 누가 알겠는가?

오길비 직원들을 설득하라

• • •

제즈와 로리는 대행사에서 강연 대신 재미있는 실험을 진행해 행동과학을 일상에 적용해보기로 했다. 그 당시는 토끼의 해였기 때문에 실험 주제를 모두 토끼에 맞췄다. 사람들을 토끼처럼 먹고 토끼처럼 움직이며, 토끼처럼 뛰고 토끼처럼 성교하게 만들 수 있을까? 이 실험은 학술지에 발표된 결과에서 영감을 얻기는 했지만 학문적 기반이 튼튼한 것은 아니었다. 그래도 소기의 목적에 부합하는 한 문제 될 일은 없었다. 핵심은 이론을 실생활에 적용해 행동과학이 특정 행동을 넛지하는 데 사용될 수 있음을 입증하는 것이었다.

당근을 더 많이 먹도록

첫 번째 실험은 구내식당에서 진행됐다. 목표는 직원들이 더 많은 당근을 먹도록 넛지하는 것이었다. 보통 건강에 좋은 음식이 손에 닿기 쉬운 곳이나 맨 앞에 있으면 더 많이 먹게 된다. 예를 들어 한 연구에서는 병원 구내식당 고객들이 건강에 좋은 음식이나 좋지 않은 음식을 선택하는 데에 디저트의 위치가 상당한 영향을 미친다는 사실을 발견했다. 사람들은 디저트가 손에 닿기 쉬운 곳에 있을 때 이를 더 많이 선택했다.[4] 이 사실을 참고하여 직원들이 당근을 많이 먹게 하기 위해 당근을 구내식당 앞쪽으로 옮겼고 양도 평소의 두 배로 늘렸다. 당근에 대한 설명도 '수분 듬뿍 당근'으로 바꿨다. 레스토랑에서 감각적인 형용사가 들어간 메뉴일수록 판매량과 만족도가 높다는 사실에서 착안한 것이다.[5]

결과가 궁금한가? 개입하기 전에는 언제나 점심시간이 끝나갈 때까지도 당근이 많이 남아 있었다. 개입한 결과, 당근은 평소보다 두 배 더 많이, 더 빨리 소비됐고 점심시간이 끝났을 때 바닥을 드러냈다.

더 빨리 걷게 하기

토끼는 매우 빨리 움직인다. 그럼 사람들을 평소보다 빨리 걷게 하려면 어떻게 넛지해야 할까? 그대로 따르기는 힘들겠지만, 한 중요한 실험 결과를 보면 노령과 관련된 단어를 많이 들은 피실험자들은 방에서 나오는 시간이 대조군에 비해 더 느렸다. 노년층이 느리게 움직인다는 고정관념에 걸맞은 결과였다.[6]

이 실험을 옮겨와 허구의 두 항공사에 대한 브리핑을 열었다. 한 브리핑에서는 스페인 마갈루프나 테네리페 섬으로 떠나는 근거리 휴가에 대해 빠르고 격앙되게 설명했다. 다른 브리핑에서는 인도에 있는 조부모를 뵈러 가는 장거리 비행에 대해 천천히 여유롭게 설명했다. 그들은 이 허구의 브리핑이 끝난 뒤 직원들이 자기 자리로 얼마나 빨리 돌아가는지에 관심을 두었다. 실험 결과는 대강 측정한 것이라 신성한 대학 강당에서 소개할 만한 종류는 아니지만, 결국 짧고 신속하며 활기 넘치는 여행을 접한 직원들이 느긋하고 고되며 오래 걸리는 여행을 접한 직원들보다 더 빨리 자기 자리로 돌아갔다.

토끼처럼 뛰게 하기

직원들을 토끼처럼 뛰게 하려면 행동과학을 어떻게 활용해야 할까? 그 당시 제즈는 어린 자녀들과 〈재미있는 노래 공장Fun Song Factory〉이라 불리는 TV 쇼에서 〈아기 토끼들아 일어나Wake Up Little Bunnies〉라는 노래를 272번 정도 들었다. 이 악명 높고 서정적인 히트곡에서 내레이터는 모두 자고 있을 때 "아기 토끼들이 자는 것 좀 봐"라고 권한다. 그러다 이내 큰 소리로 "일어나, 아기 토끼들아!" 하고 외친다. 그러면 다 같이 일어나 토끼처럼 깡충깡충 뛰며 돌아

다닌다. 잔뜩 신이 난 아이들은 부끄러운 기색 하나 없이 덩달아 토끼처럼 뛴다. 아이들은 그렇다 쳐도 어른들을, 그것도 회사 안에서 토끼처럼 뛰게 하는 방법이 있기는 할까?

어떤 사회 집단의 일원이라면 그 집단 안에서 행해지는 무언의 행동을 따르게 된다. 순응conformity이라 알려진 이런 행동은 1956년에 사회심리학자 솔로몬 애쉬Solomon Asch가 입증하면서 널리 알려졌다. 제즈는 한 공간에서 충분한 수의 사람들이 토끼처럼 뛰면 나머지는 그대로 따라할 것이라 가정했다. 더군다나 직원들이 기꺼이 따라하고도 남을 권위의 상징인 CEO와 조직 계획 담당 이사를 미리 포섭해놓은 상태였다.

그들은 회사 사람들을 워크숍 훈련에 초청하면서 지친 공간에 활기를 불어넣는 법을 배우게 될 것이라고 말했다. 대조군에게는 지시 사항이 적힌 종이를 한 장 건넸다. 종이에는 토끼 영상을 틀고 영상에서 나오는 행동을 따라하라고 적혀 있었다. 놀랄 것도 없이 대조군의 사람들은 모두 자기 자리에 못 박힌 듯 앉아 중얼거렸다.

"죽었다 깨도 이건 안 해."

그럼 다른 방에서는 어떤 광경이 펼쳐졌을까? 그곳에서는 제즈가 워크숍을 이끌고 있었고 미리 포섭한 두 명이 뒤에 서 있었다.

"이제 디들 비닥에 누워 토끼처럼 잠들이 봅시다."

제즈의 말에 다들 고분고분하게 따랐다. 30세에서 45세 사이의 성인들이 바닥에 누워 토끼처럼 잠을 잤다. 곧이어 노래가 흘러나왔고 "일어나!"라는 말이 나오기 무섭게 일제히 일어나 토끼 귀 모양을 만들고는 깡충깡충 뛰어다녔다. 미리 포섭한 사람들이 뛰어다니자 나머지도 무리 없이 그들을 따랐다. 포섭한 조수들이 회사 임원이라는 사실도 사람들의 즉각적인 참여에 큰 기여를 했을 것이다.

성욕 높이기

이제 네 번째이자 마지막인 사내 실험이 남았다. 성에 대한 조사에서 직원들의 대답을 바꿀 수 있을까? 한 연구 결과를 보면 성적 취향이나 안전하지 않은 섹스를 할 의향을 판단하거나 의사 결정을 할 때 성적 흥분 상태가 영향을 미친다고 한다.[7] 회사가 아무리 대담한 곳으로 명성이 자자하다 해도 자신의 성생활을 회사에 그대로 드러내는 사람이 과연 있을까?

대조군은 오후 3시에 서늘한 방 안에서 조사를 받았다. 그들은 "성관계를 얼마나 자주 원합니까?" "지금까지 성관계 파트너는 몇 명이었습니까?" 같은 질문에 대답했다. 다른 집단은 같은 조사를 오후 6시에, 맥주와 남성 잡지가 있는 따뜻한 방에서 받았다. 결국 따뜻한 방에 들어간 사람들이 대조군에 비해 더 높은 성욕을 드러냈다. 이들은 어떤 면에서 토끼처럼 성교하도록 넛지된 셈이었다.

오길비 체인지의 출발

• • •

이러한 실험을 마케팅 회사에서 진행하면 좋은 점은 실험을 흥미진진한 이야기로 만들 수 있다는 것이다. 모든 장면을 기록해 영상으로 남긴 뒤 우리는 제작팀에게 영상에 알맞은 원고를 써달라고 부탁했다. 제작팀은 영상을 1970년대의 BBC 방송이 연상되는 행동 과학 프로그램으로 설정했다. 내레이터로는 영국 표준 발음을 구사하는 로리가 적임자로 뽑혔다.

'수분 듬뿍 당근'이 열화와 같은 성원에 힘입어 동이 난 자리에는 마법의 가루가 흩뿌려졌다. 항공사 브리핑을 들은 뒤 자기 자리로 돌아가는 직원들의 모습이 담긴 CCTV 화면은 배속 재생하여 재미를 극대화했다. 사람들이 토끼처럼 뛰는 장면은 별다른 편집 없이도 충분히 우스꽝스러웠다.

이렇게 실험을 진행하고 그에 대해 이야기할 영상을 찍어 마침내 회사 전체에 새로운 조직의 설립을 알릴 만반의 준비를 마쳤다. 회사 미팅은 런던 사우스뱅크 근처에 위치한 올드 빅 극장에서 열렸다. 늘 그렇듯 회사 실적 발표와 시상, 승진 발표가 이어진 뒤 따로 할당받은 시간에 새로운 부서의 시작을 알렸다. 조금 더 실감 나는 발표를 위해 제즈와 레이철 해튼Rachel Hatton 기획 이사는 흰색의 긴 실험실 가운을 입고 무대로 올라와 영상을 소개했다.

반응이 궁금한가? 사람들은 웃으면서 영상에 집중했고 실험에 대해 더 알고 싶어 했다. 영상에 등장한 사람들 역시 관중석에 있었는데, 자신의 행동이 부지불식간에 바뀌었다는 사실을 그들도 부인하지 못했다. 중대한 발견과 같은 이 영상은 고객을 대하는 방법을 이해하는 데 큰 도움이 됐다. 미팅이 끝난 뒤 꽤 많은 사람이 제즈에게 다가와 새로운 팀에 합류하겠다는 의사를 밝혔고 일주일 뒤 그들은 첫 번째 브리핑을 열었다.

하우투넛지 ▶ 넛지를 비즈니스로 옮기다

행동과학을 현실적이면서 피부에 와닿게 만들려면 단순히 일화를 전하는 것만으로는 부족하다는 사실을 알아야 한다. 누구나 실험 결과를 손에 잡힐 듯 보여주고 싶을 것이다. 물론 행동 연구자에게 실험 결과를 전해 듣는 것은 언제나 흥미롭지만 그렇다고 이 방식이 비즈니스에서 반드시 효과가 있다고 할 수는 없다.

어찌 됐든 행동과학이 인간에 관한 것이라는 사실을 염두에 두면 행동과학을 실생활에 옮기는 것이 조금 더 수월해지리라는 점은 믿어도 좋다. 행동과학을 실생활과 연관 짓는 방법만 찾는다면 모든 사람의 공감을 얻을 것이다.

1 증거 사례를 포착하라

행동과학을 사람들의 업무 환경으로 끌어오면 믿음은 더욱 커진다. 어떤 집단에 적용할 수 있는 특정한 행동 편향이나 휴리스틱을 찾으면 사람들은 행동과학의 다양한 응용 가능성을 알아보고 그 가치를 이해하게 될 것이다. 이를 위해 자신이 속한 조직 내에서 작은 실험이나 사례 연구를 시행해 그 조직만의 증거 사례를 포착하라. 물론 어떤 증거 사례가 필요한지는 당신이 속한 비즈니스의 특성에 따라 달라질 것이다.

예를 들어 더 많은 사람이 재활용을 실천하도록 이끄는 작은 실험을 진행한다고 해보자. 이때 쓰레기통에 붙인 이름을 각각 '혼합 재활용'과 '일반 쓰레기'에서 '혼합 재활용'과 '매립 쓰레기'로 바꿔볼 수 있다. 한 걸음 더 나아가 매립 쓰레기통을 더 작게 만들어서 쓰레기를 넣기 어렵게 만들 수도 있다. 이 실험을 2주 동안 진행해 당신의 작은 개입 전후로 재활용 참여도가 어떻게 변화했는지 비교할 수 있다.

아니면 이메일을 통해 넛지를 실험해볼 수도 있다. 자발적으로 참여하는 행사에 더 많은 사람을 끌어들이고 싶은가? 이런 경우 통상 참석률은 60퍼센트지만 80퍼센트까지 끌어올리고 싶다면 이런 말을 해보는 건 어떨까?

"점점 더 많은 직원이 미팅에 참석해 눈부신 피드백을 제시하고 있습니다."

아니면 이렇게 말할 수도 있다.

"엘리너 마케팅 담당 이사는 지난 행사에서 새로운 소셜미디어 발행 도구를 학습하는 것이 진정으로 가치 있다고 말했습니다."

마지막으로 유명 연사들을 초청했으니 이번 기회를 놓치지 말라는 말과 함께 원클릭 일정표를 첨부할 수 있다. 그런 뒤 느긋하게 기대 앉아 다음 미팅에 얼마나 많은 사람이 참석하는지 세기만 하면 된다. 결국 추가 비용 하나 없이 이메일 내용만 바꿨을 뿐인데 직원들의 참석률이 25퍼센트 올라갔다는 사실을 발견할 것이다. 이 실험으로 알게 된 사실은 다음 미팅에서 두 가지 이메일을 직접 대조해 보이며 알릴 수도 있다.

2 포착한 증거 사례에 생명을 불어넣어라

오길비 같은 회사에서 실험을 진행한 덕분에 제즈는 엄청난 호사를 누렸다. 세계적 수준의 능력과 기술을 갖춘 제작팀 덕분에 대강 고안한 행동 실험이 시각적 효과와 대본, 내레이터가 덧대어지면서 근사한 이야기로 탈바꿈했다. 하지만 이제 막 문을 연 스타트업 회사에서 실험을 진행할 생각이라면 조금 더 기지를 발휘해야 할 것이다. 제즈는 다 큰 어른들이 토끼처럼 뛰어다니는 광경을 숨겨진 카메라로 촬영할 수 있었지만 누구나 이 광경을 휴대전화로 촬영하고 간단한 편집 툴로 꿰맞출 수 있다. 결과물이 세련되어 보이지는 않겠지만 당신이 영향을 미친 행동의 변화는 여전히 생생하게 드

러날 것이다. 적어도 문자로 설명하는 것보다는 사람들의 상상력을
자극할 수 있다.

3 속임수를 최소화해 신뢰를 잃지 마라

이런 실험을 수행하면 예기치 않은 부작용을 마주하게 된다. 제
즈의 경우에는 회사 직원들이 그의 의도를 불신하기 시작했다. 이
번 실험은 제즈가 입사한 뒤 두어 달 동안 진행됐는데 그러는 사이
참가자를 비밀스럽게 모집하기도 했다. 가령 제즈는 전 직원에게
워크숍을 순조롭게 진행하는 기술을 알려주겠다는 이메일을 보냈
다. 직원들이 토끼처럼 뛰어다니도록 넛지한 뒤에야 제즈는 사람들
에게 그 자리에 모인 진정한 목적을 알렸다. 오래지 않아 사람들은
제즈의 동기에 의구심을 품기 시작했고 제즈의 정당하고 진심 어린
요청이 또 다른 비밀스러운 계략이 아닌지 의심하게 됐다. 그러니
이중성은 진정으로 필요할 때에만 보이도록 주의하기 바란다.

행동과학을 비즈니스에 적용하려 하는가? 그럼 적용을 시작할
최적의 장소는 어디인가? 당신의 아이디어를 직원들에게 선보이기
위해 몇 가지 실험을 진행해보라. 아이디어의 효과를 입증하는 증
거를 찾고 이를 영상이나 사진으로 알리되, 재미를 잃지 마라. 직장
동료들을 실험 대상으로 삼으면 미묘한 넛지가 행동에 예기치 않은
영향을 미칠 수 있음을 그들도 부인하지 못할 것이다.

넛지 그리기
프로젝트

과학적 엄격성에 대한 요구가 행동과학의 발전을 억제했다는 생각을 해본 적이 있는가? 행동과학은 엄격한 실험을 통해 가정을 검증하고 그 결과를 회의적으로 해석하는 과학적 방법을 통해 발전해왔다. 학술 연구 결과를 발표하기 위해서는 과학적 방법의 명확한 단계를 따라야 하고 무수한 동료 평가를 견뎌야 한다. 문제는 이 과정에서 창의성이 제한된다는 것이다.

제즈와 에이프릴은 과학을 전공했다. 제즈는 생물학과 화학에 대한 배경지식을 바탕으로 대학에서 생화학 연구를 계속해나가던 중 행동과학의 매력에 빠졌다. 에이프릴은 학부 및 석사 과정에서 행동과학을 공부했고, 과학의 객관적이고 명백한 세계 안에서 편안함을 느꼈다. 두 사람 모두 숫자와 데이터, 통계의 아름다움에는 동의하지만 행동과학이 과학으로 시작해 과학으로 끝난다면 이런 아름다움도 아무 소용이 없다고 입을 모은다. 명쾌하게 고안된 가설이 실생활에 적용되지 못한 채 실험실 안에만 머물러 있다면 무슨 소용이 있겠는가?

우리는 누구나 행동과학을 직접 적용해볼 수 있는 세계를 추구한다. 행동 통찰을 민주화하면 다양한 분야와 산업, 사회 각계각층의 사람들이 행동과학을 실험실 밖으로 끌어내 실생활에 들일 수 있다.

스키폴 공항 소변기의 파리

● ● ●

행동과학의 세계가 다른 세계와 충돌할 때 놀라운 일이 벌어진다. 사람들이 넛지 이론에 대해 말할 때면 바로 앞 장에서 소개한 소변기에 그려 넣은 파리 이야기부터 한다는 사실은 다분히 역설적이다. 이 방법을 처음 고안한 네덜란드 스키폴 공항의 청소부서는 과학적 방법을 세심하게 적용한 것이 아니었고 실험 결과를 과학 논문에 게재한 것도 아니었다.

오히려 이 사례는 두 세계가 충돌하면서 태어났다. 아이디어는 스키폴 공항의 청소 관리자 요스 반 베다프Jos van Bedaf가 생각해냈다. 베다프는 군대에 있을 때[8] 표적이 그려진 소변기가 긍정적인 영향을 미친다는 사실을 직접 목격했다. 수년 뒤 공항이라는 전혀 새로운 환경에서 새로운 임무를 맡으면서 베다프는 오랜 골칫거리인 소변이 튀거나 새는 문제를 마주했다. 머릿속으로 이 문제를 자신의 경험과 연관 지은 끝에 베다프는 공항 소변기에도 표적을 그려 넣는 시도를 제안했다. 그다음 이야기는 우리가 알고 있는 그대로다.

혁신은 두 세계의 충돌에서 태어나는 것인지도 모른다. 행동과학이 디자인의 세계와 충돌한 끝에 마법 같은 일이 벌어졌다. 앞서 1장에서 만난 로리가 광고계에 행동과학을 적용한 선구자가 된 것도 그가 광고업계라는 창의적인 세계와 인간 행동 연구라는 과학적인 세계의 충돌을 이끌었기 때문이다. 광고 창작물은 아무리 아이디어가 좋아도, 인간의 행동에 대해 아무리 잘 알고 있어도 좋은 디자인이 없으면 실행할 꿈도 꾸지 못한다. 이렇게 행동과학은 학계 안에 머물 때보다 시각 디자인의 세계와 충돌하면서 비로소 실생활에 더욱 가까워졌다.

분리된 것들이 한데 모였을 때 창의력은 폭발한다. 오길비 체인지의 획기적인 첫 번째 프로젝트도 그러했다. 행동과학과 디자인이 결합하면서 과학적 통찰력과 아름다운 창조물이 만난 혁신적인 프로젝트였다.

런던 폭동이 일어난 이유

• • •

2011년 여름, 제즈는 어린 자녀들과 키프로스에서 휴가를 보내고 있었다. 그때 맨체스터에 있는 한 친구가 전화를 걸어와 흥분한 목소리로 괜찮은지 물었다.

"무슨 소리야?"

제즈는 휴가의 단잠에서 화들짝 깨어나 대답했다.

"지금 런던에서 무슨 일이 일어나고 있는지 모르는 거야?"

친구가 되물었다.

제즈는 TV를 켠 다음에야 런던에서 벌어지고 있는 폭동 소식을 알았다. 사람들이 상점의 창문을 박살내고 담배부터 술, TV, 운동화에 이르기까지 닥치는 대로 약탈하고 있었다. 경비업체 직원인 친구 한 명은 재산을 지키기 위해 쇠막대기를 움켜쥔 채 차 안에서 잠을 청했다고 한다. 사람들의 이상 행동이 나타나는 괴이한 시기였다.

이러한 상황이 왜 벌어졌는지는 행동과학으로 설명할 수 있다. 평균 온도가 오를수록 사람들의 공격성이 증가한다.[9] 테스토스테론 수치는 추울 때보다 따뜻할 때 더 높아지며[10] 높은 테스토스테론 수치는 공격성과 관련이 있다.[11] 게다가 날씨가 따뜻해진다는 것은 사람들이 밖에서 모일 일이 많아진다는 뜻이고 해가 길어진다는 것은 범죄를 저지를 기회가 더 많아진다는 뜻이다. 폭동이 시작되면 깨진 유리창 이론broken windows theory에 따라 작은 무질서의 징후가 더 큰 무법 상태를 유발한다.[12] 공공 기물 파손과 약탈 사태가 한번 시작되면 걷잡을 수 없이 번진다는 뜻이다.

폭력성을 줄이는 그림

• • •

런던의 다른 곳에서 오길비의 직원 한 명이 겉으로는 별 관련이 없어 보이는 아이디어를 떠올렸다. 영리하고 열정적인 기획자 타라 오스틴은 아이디어를 끈기 있게 밀고 나간 끝에, 가게 셔터가 왜 광고 매체로 사용되지 않는지 의아해했다. 오스틴은 가게 셔터가 유행이 빨리 바뀌는 소비재, 특히 작은 가게에서 파는 물건들의 광고 수단으로 적격이라고 생각했다.

오길비 체인지의 첫 번째 인턴인 댄 베넷은 오길비의 혁신팀인 오길비 랩Ogilvy Labs과 행동과학 두 분야에서 업무를 맡고 있었다. 댄은 열의 있고 자신감 넘치며 활기찬 일원으로, 타라의 부서를 주기적으로 찾아가 그와 행동과학을 주제로 격렬한 토론을 벌였다. 창의적인 집단에서 근무하는 사람들은 천성적으로 호기심이 많고 외부의 자극도 열린 마음으로 받아들인다. 그렇게 행동과학에 대한 댄의 열변이 타라의 상상력을 자극했다. 가게 셔터를 상업적 광고 수단으로 사용하는 대신 사회적 목적으로 사용하면 어떨까?

타라와 댄은 어떻게 하면 과학적 통찰을 좋은 일에 활용할 수 있을지 함께 고민했다. 연구 결과 동그란 얼굴과 커다란 눈망울을 가진 아기들의 귀여운 모습이 사람들의 보호 본능을 자극한다는 사실이 밝혀졌다.[13] 물론 진화론적으로 볼 때 아기들이 귀여운 것은 인간의 두뇌가 유난히 월등한 탓에 성장기가 길어지면서 스스로 돌볼 수 없는 유아들을 보살피도록 동기 부여를 해야 했기 때문이다.

이런 보호 본능이 반사회적 행동을 감소시키는 데 사용된다면 어떠할까? 폭동이 휩쓴 자리에 더 많은 경찰을 배치하는 대신 귀여운 아기 얼굴을 보여주는 방법을 시도해보면 어떨까? 그렇게 '도시의 아기들'에 대한 아이디어가 탄생했다. 2011년 런던 폭동의 한복판에 있던 지역의 가게 셔터에 아기 얼굴을 그려놓아 반사회적 행동을 감소시키자는 것이었다.

아이디어는 2012년 여름에 실현됐다. 런던 그리니치 지역은 2011년의 폭동으로 심각한 타격을 받았다. 특히 울위치의 그린즈 엔드에 있는 매장들은 약탈로 끔찍한 피해를 입었다. 하지만 그리니치 의회에서는 이 아이디어를 접한 뒤에도 협력에 관심을 보이지 않았다. 이때 오길비 랩을 이끄는 니콜 예르슨이 대안을 제시했다. 상점 주인들에게 직접 접근해보는 것은 어떤가? 그렇게 그린즈 엔드 이곳저곳의 상점들을 찾아가 문을 두드린 끝에 주인들의 동의를 얻을 수 있었다. 상점주들은 호기심을 느낄 뿐만 아니라 이런 모험을 통해서 정말 지역사회를 변화시킬 수 있을지 확인하고 싶어 했다.

그럼 아기 얼굴은 어떻게 해야 할까? 댄은 순간 번뜩이는 기지로 페이스북을 통해 동네 아기들을 섭외할 것을 제안했다. 대개 모호하거나 일반적인 것보다 구체적이고 직접적인 사회 규범이 사람들의 행동에 더 강력한 영향을 미친다. 이 논리에 따르면 임의로 선택한 아기들보다 그 동네에 사는 아기들의 얼굴이 사람들의 행동에 더 강력한 영향을 미칠 것이었다.

동네 아기들의 얼굴을 참고해 거리 예술가 네 명이 그린즈 엔드의 가게 셔터에 스프레이 페인트로 초상화를 그렸다. 다음 날 아침, 아기 다섯 명의 얼굴이 거리에 등장했고 이에 대한 지역 사람들의 긍정적인 반응이 영상에 담겼다. 사람들의 반응에 더해 이 프로젝트에 대한 타라의 설명이 담긴 짧은 영상이 탄생했다. 이에 관심을 보인 BBC 방송에서 얼마 뒤 타라와 니콜을 인터뷰했다. 이후 캠페인은 전 세계로 뻗어나가 세 대륙에 걸친 12개국에서 진행됐다.

진짜 범죄가 줄었을까?

• • •

도시의 아기들 프로젝트는 행동과학이 사회적 목적에 얼마나 혁신적으로 활용되는지 보여주는 창의적 탐구였다. 여기에 흔히 말하는 실험 설계는 없었다. 진위를 시험할 가설은 부족했지만 그 영향을 측정하는 것은 여전히 의미가 있었다. 관계자들은 지역 주민들의 반응을 기록하면서 더불어 이 캠페인이 반사회적 행동에 미친 장기적 영향을 추적했다. 캠페인이 시작되고 1년 뒤, 반사회적 행동은 24퍼센트 감소했고 그다음 해에는 더욱더 감소했다. 캠페인이 시작되고 5년 뒤인 2016년에 이 지역에 보고된 범죄 수치는 캠페인이 시작되기 전인 2011년에 비해 47.4퍼센트 감소했으며 반사회적 범죄만 따졌을 때에는 65.2퍼센트까지 감소했다. 아기 그림이 반사회적 범죄에 미치는 영향만 따로 떼어놓고 생각할 수는 없지만 그

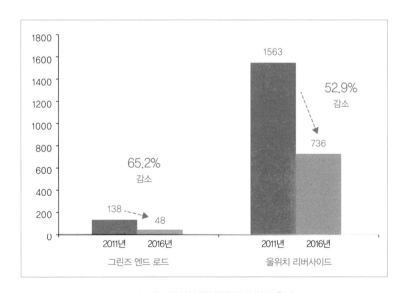

도표 2.1 두 지역의 반사회적 범죄 감소 추이

린즈 엔드 지역의 범죄 감소율은 23.7퍼센트로, 더 넓은 지역에 이웃해 있는 울위치 리버사이드의 같은 기간 범죄 감소율보다 높았다. 이는 다시 말해 반사회적 행동을 감소시키는 독특한 특징이 그린즈 엔드 로드에 있다는 사실을 의미한다.

칸 국제광고제에서 황금사자상을 받다

• • •

오길비 팀은 이 성공을 전 세계에 알리고자 했다. 앞에서 강조했다시피 이야기에 재미를 불어넣는 것이 중요했다. 이 과업을 부여받은 에마 드 라 포스Emma de la Fosse 오길비 제작본부 이사는 감정을 자극하는 영상과 함께 강력한 서사를 구축했다. 이를 바탕으로 도시의 아기들은 2013년 칸 국제광고제에서 황금사자상을 받으며 캠페인의 성공을 증명했다.

이렇게 인정을 받긴 했지만 이번 아이디어는 사람들의 추진력과 끈기가 없었다면 아무 호응도 얻지 못했을 것이다. 타라는 사실 관계를 연결 지어 아이디어를 떠올린 뒤 이를 끈기 있게 밀고 나갔다. 제즈는 오길비 체인지를 통해 프로젝트를 후원하여 행동 전문 부서로서 신임을 얻었다. 니콜은 예산을 투입하고 거리의 예술가들을 섭외해 프로젝트를 지원했다. 댄은 프로젝트의 계획 및 실행을 맡왔고 에마는 이야기를 직조해 수상에 일조했다. 그 밖에 열정과 에너지, 강한 회복력으로 무장한 수많은 사람이 힘을 보탠 결과, 그들은 아이디어를 실현하기까지 넘어야 할 높은 장벽을 모두 무너뜨릴 수 있었다.

이제 도시의 아기들은 넛지 이론의 발전사에 확고히 자리매김했으며, 대학의 행동과학 강의에서 응용행동과학의 대표적 사례로 소개된다. 두 세계의 충돌이 없었다면, 서로 다른 두 아이디어와 이를 수용하는 열린 마음이 없었다면 이런 일은 일어나지 않았을 것이다.

오길비 팀은 신임을 얻었지만 여기에 안주하지 않았다. 귀여움의 힘은 거리 벽화 같은 다른 영역까지 확장했다. 오길비의 파트너인 샘 테이텀은 아기의 얼굴을 담은 고화질 사진이 정밀성이 떨어지는 거리 예술가들의 그림보다 더 강력한 영향력을 발휘하는지 알아보기 위해 프로젝트를 진행하고 있다. 현재 두 개의 가게 셔터에서 이 실험을 진행하는데 디지털 사진과 캐리커처에 담은 아기 얼굴 중 무엇이 더 효과적인지는 아직 결과가 나오지 않았다.

하우투 넛지 ﹥ 창의적인 사람들과 함께 일하고 싶다면

1장에서는 조직 내에 행동 변화의 혁명을 일으키는 법과 동료들을 설득하는 법에 대해 알아보았다. 이번 장에서는 창의적 아이디어를 장려하기 위해 최상의 팀을 꾸리는 법에 대해 알아보았다. 당신이 적용한 행동과학을 성공시키기 위해 어떤 사람을 팀원으로 끌어들일 것인가? 도시의 아기들 사례에서 살펴봤듯이 외부의 자극을 열린 마음으로 받아들이는 사람, 다양한 분야의 기술과 관점을 가진 사람, 그리고 기꺼이 위험을 감수할 사람과 함께하는 것이 중요하다.

4 메아리 방에서 나오라

창의적인 사람들은 한 가지 공통점이 있다. 모두 외부의 영향을 선뜻 받아들인다는 것이다. 처음에는 그들도 이런 외부 영향의 가치를 알아보지 못할 수 있지만 일단 마음속에 넣어뒀다가 이후 예상 밖의 연관성을 찾아내는 것이다.

이런 발견 과정에 방해가 되는 것이 뉴스피드 알고리즘이다. 이 알고리즘은 우리를 메아리 방으로 이끌어 자신과 연관 있는 아이디어만 노출시킨다. 이에 맞서고자 한다면 영감을 얻기 위해 알고리즘 기반 플랫폼에만 의존하는 일이 없도록 하라. 다양하고 무수한 다른 관심사를 탐험하라. 익숙한 삶의 반경을 넘어서 다른 자극을 적극적으로 찾고 외부의 영향을 기꺼이 수용하라. 뇌가 알아서 여과하고 연대하게 하면 예상치 못한 충돌로 비범한 아이디어가 탄생할 것이다. 서로 다른 두 주제를 새로운 맥락 안에 한데 모으면 행동과학을 응용하는 법에 대한 예상 밖의 즐거운 아이디어가 탄생할 것이다. 이런 접근법이 혼란스러울 수는 있지만 이를 받아들여야만 응용행동과학 같은 분야에서 발전적 변화를 촉진할 수 있다.

5 서로 다른 사람들과 협력하라

마찬가지로 다양한 기술의 충돌이 우연한 발견을 이끌 수도 있다. 도시의 아기들 프로젝트는 참여한 사람들의 에너지와 회복력, 열정과 통찰력, 연구와 예술적 기교가 한데 결합하지 않았다면 결실을 맺지 못했을 것이다. 번뜩이는 아이디어는 결코 한 사람에게서 나오지 않으며, 실행력이 없는 아이디어는 아무 소용이 없다.

비즈니스에 적용한 행동과학의 성공 여부는 다양한 분야의 사람들을 활용해 다양한 아이디어를 끌어낼 수 있는지에 달렸다. 행동과학에 대한 통찰을 현실 세계에 적용하고자 한다면 상아탑 안에 홀로 틀어박힌 채 행동과학 학술지를 곱씹고 있는 것보다 위험을 무릅쓰고 밖으로 나가 자신과 같은 분야나 다른 분야의 사람들과 직접 부딪치며 영감을 얻는 편이 더 낫다.

그러니 다양한 기술을 보유한 사람들과 팀을 이루어 협력하라. 마케팅 팀 같은 경우에는 혼자 일하는 시간이 대부분일 것이다. 매일같이 우리는 비슷한 배경과 비슷한 기술, 비슷한 능력을 갖춘 사람들과 아이디어를 싸내며 시간을 허비하고 있다. 그러지 말고 여러 분야에 걸친 사람들과 팀을 이루어 협력하라. 힘은 더 들겠지만 분명 훨씬 혁신적인 아이디어가 탄생할 것이다. 그 효과는 행동과학을 비즈니스에 적용할 때는 물론이고 학계에서 행동과학 연구를 진행할 때에도 빛을 발할 것이다.

6 위험할 수 있지만 정신 나간 아이디어를 시도해보라

예산이 빠듯하다면 좌절할 수도 있다. 비즈니스에서 가장 먼저 예산을 삭감하는 데가 혁신 분야이기 때문이다. 하지만 이런 접근법을 취하면 중장기적으로는 가치가 하락한다. 혁신을 희생하면 전반적 발전이 저해되기 때문이다. 성공적인 변화를 이끌고자 한다면 새로운 것을 시도하는 데에 자원을 반드시 할당해야 한다.

예산의 70퍼센트를 안전한 분야에 할당하는 것은 타당하다. 예산의 20퍼센트로는 새로운 접근을 시도하라. 그리고 남은 10퍼센트 예산으로 위험하지만 혁신적인 행동과학의 아이디어를 시도하도록 분투하라. 위험이 클 수도 있다. 하지만 혁신적인 접근에 앞장서면 선점 우위 효과를 누릴 수 있고, 이렇게 해서 무엇보다 큰 보상을 얻을 수 있다.

Chapter 3

역발상과
행동 설계

2007년 8월 9일, 프랑스 은행 BNP 파리바에서 22억 달러 상당의 펀드를 동결했다. 이로써 BNP 파리바는 미국 서브프라임 모기지 사태의 위험을 처음으로 인정한 은행이 됐다. 많은 사람이 금융 위기의 첫 번째 신호탄으로 이 사건을 언급한다. 그 후 기업이 결정을 내리는 방식은 완전히 바뀌었고 결정에 대한 관리도 눈에 띄게 엄격해졌다. 이와 함께 사업 타당성 분석이 점차 증가하면서 이제 단 한 푼의 지출까지 검토하는 것이 당연한 일이 됐다.

이런 현상이 전반적으로 좋은 일이라고 주장할 수도 있다. 하지만 혁신적인 아이디어를 추진할 때에는 오히려 독이 된다. 검증되지 않은 아이디어를 그저 믿음만으로 지지해야 하는데, 그러려면 예외 없이 재정은 물론 평판에도 위험이 따른다. 이런 믿음에 따른 결정이 실패할 때도 있다는 것은 부인할 수 없는 사실이다. 그럼 성공 확률이 높은 아이디어를 알아보는 방법이 있을까?

이 지점에서 행동과학이 도움이 될 수 있다. 행동과학을 제대로만 사용한다면 해당 아이디어가 효과가 있을지 자신 있게 예측하고 아이디어를 실행하는 방법까지 설명할 수 있다. 더군다나 아이디어를 어수선한 현실 세계에 선보이기 전에 행동과학의 실험 방식으로 시험해볼 수도 있다. 이런 식으로 행동과학은 아이디어가 더욱 두터운 신뢰를 얻고 사업적으로 정당성을 얻는 데 도움이 될 수 있다.

행동한 뒤 생각하라

• • •

"지나치게 자주, 기업들은 생각한 뒤 행동한다."

런던 비즈니스 스쿨 선임연구원 줄스 고더드Jules Goddard 박사가 한 말이다. 기업은 거들먹거리면서 아이디어를 엄격히 따지지만 정작 실행에 옮기는 경우는 극히 드물다. 고더드는 그러지 말고 "행동한 뒤 생각하라"고 주장한다. 아이디어를 시험해보고 문제를 재빨리 발견하면 생각이 확장되고 아이디어가 개선된다. 행동부터 한 뒤 생각한다면 기업의 혁신과 발전은 좀 더 신속하게 이뤄질 것이다.

이런 접근법은 학계에서 선호하는 방법과 극명한 대조를 보인다. 학계 실험의 목적은 매개 변수와 교란 요인을 엄격히 관리하여 가설을 실증적으로 검증하는 것이다. 하지만 기업에 더 적절한 방식은 시제품을 신속히 만들어 아이디어의 효과를 입증함으로써 이해관계자들에게 믿어도 된다는 자신감을 심어주는 것이다. 영국 에이번과 서머싯 지역의 경찰 당국도 지역 주민들을 소매치기로부터 보호하기 위해 오길비가 고안한 아이디어를 처음 들었을 때 기꺼이 이와 같은 신뢰를 보였다.

'소매치기 주의' 벽보를 조심하라

• • •

행동과학 분야에서 연구하거나 일하는 사람 중 아무나 붙잡고 물어보면 다들 행동이 상황에 좌우된다고 말할 것이다. 똑같은 개입을 해도 한 환경에서는 특정 행동이 줄어들 수 있고, 다른 환경에서는 정반대의 결과가 나타날 수 있다. 심지어 수십 년 동안 무수한 경험과 연구를 해온 전문가조차 어떤 상황에서 사람들이 어떤 행동을 보일지 잘못 예측하기도 한다. 따라서 당면한 상황에서 개입을 시험하는 것이 중요하다. 선의에서 비롯된 개입이라도 의도치 않은 결과를 불러올 수 있다.

마을이나 도시 등에서 '소매치기 주의'라고 쓰인 벽보를 본 적이 있을 것이다. 이런 벽보의 목적은 그 지역에 흔히 일어나는 범죄에 대한 경각심을 높이는 것이지만 오히려 소매치기들은 이런 곳에서 활개를 친다.

이상하게 들리겠지만 이런 상황을 상상해보자. 바지에 외투 하나만 걸쳐도 주머니가 보통 다섯 개 정도 된다. 그 차림으로 붐비는 번화가를 걷다가 소매치기를 조심하라는 표지판을 보면 누구나 무의식적으로 자신의 귀중품을 확인한다. 휴대전화와 지갑을 항상 외투 오른쪽 주머니에 넣고 다닌다면 주머니를 툭툭 쳐보면서 물건들이 잘 있는지 확인할 것이다. 당신은 안심한 채로 가던 길을 계속 가겠지만 눈치 빠른 소매치기가 당신을 눈여겨보고 있었다면 어떻게 될까? 당신의 주머니 다섯 곳을 모두 노리고 있던 소매치기는 이제 어디를 공략해야 할지 정확히 알게 됐다. 이런 식으로 소매치기를 경고하는 표지가 오히려 소매치기를 활개 치게 할 수 있다.

반대되는 행동을 한다면?

• • •

소매치기를 줄이려는 오랜 관습의 부적절함에 대한 지적은 논리적으로 들리지만 2013년까지는 세상에 존재하지도 않았다. 그때 마케팅 전문 대행사인 오길비 원Ogilvy One에서 소매치기를 줄이는 색다른 아이디어를 내놓았다. 소매치기는 2010년에서 2012년 사이 잉

글랜드와 웨일스 지역에서 18퍼센트 증가했다.[14] 이는 스마트폰 사용 증가에 따른 현상으로 보인다.

소매치기를 줄이기 위해 이와 정반대되는 행동을 하면 어떨까? 소지품이 손쉽게 털릴 수 있음을 강조하기 위해 사람들의 주머니 '안에' 무언가를 몰래 넣어놓는 것이다(여기서는 이를 '물건 넣기'라 부른다). 사람들은 주머니에서 처음 보는 물건을 발견하고 당혹감을 느끼면서 물건을 훔치는 게 얼마나 쉬운지 인식할 수 있고 자신도 모르는 사이에 소매치기 당할 때의 느낌을 경험할 수 있다.

이 아이디어를 처음 고안한 제작팀의 라일라와 폴은 제작 담당 이사 에마 드 라 포스와 찰리 윌슨에게 이를 알렸다. 이들을 거치면서 미세하게 다듬어진 아이디어는 실제 상황에 적용할 수 있게 됐다.

문제는 라일라와 폴, 에마, 찰리의 이 번뜩이는 아이디어를 고객에게 선보일 근거나 정당성, 신뢰성이 없다는 것이었다. 이 해결책을 실행할 완벽한 후보로 영국의 범죄예방 자선단체 크라임스토퍼가 물망에 올랐지만 실제 효과를 시험해본 적도 없는 아이디어를 그들이 맹목적으로 믿어줄 리 만무했다. 결국 오길비 원은 제즈의 행동과학 연구소에 접근했다. 이 아이디어를 지지할 행동적 근거가 있는가? 그리고 무엇보다 이 아이디어가 실생활에 효과가 있을까? 이를 알아보기 위해 오길비 체인지 팀은 첫째, 물건 넣기에 대한 아이디어를 분석해 행동과학의 관점에서 정당성을 부여했고 둘째, 이 아이디어를 실생활에 시험해보기로 했다.

아이디어 정당화하기

• • •

행동과학의 개념으로 미뤄보면 개입은 이론적으로 효과가 있을 것이었다. 일반적으로 우리는 미래의 행동을 제대로 예측하지 못한다. 감정과 충동이 의사 결정에 미치는 영향을 과소평가하기 때문이다. 현재 **냉담한 정서 상태**cold affective state에 있다면 미래에 **열성적 정서 상태**hot affective state에서 하게 될 행동을 제대로 예측하기 힘들다. **감정적 간극**empathy gap [15]이라 불리는 이 두 가지 상태는 서로 일치하는 경우가 드물다. 물건 넣기를 당한 사람들은 낯선 물건을 발견할 때의 충격으로 강도를 당할 때와 같은 열성적 상태가 된다. 이런 열성적 상태에서 소매치기의 위험에 대한 이야기를 듣는 것이 냉담한 상태에서 벽보의 내용을 읽는 것보다 훨씬 더 효과적이다.

아이디어에 대한 행동과학적 근거를 찾았으니 이제 현실 세계에서 이를 시험할 차례였다. 마침 그 당시에 오길비에서는 매년 열리는 행동과학 축제인 넛지스톡Nudgestock Festival이 진행 중이었다. 정신없이 분주한 이 행사야말로 비교적 통제된 환경에서 물건 넣기를 시험할 완벽한 장소였다.

날랜 손재주를 자랑하는 전직 소매치기와 마술사가 섭외됐다. 그들 정도의 능력이면 물건 넣기를 수행할 수 있을 것이다. 그들은 참석자들 사이에 숨어들어 사람들의 주머니나 외투, 가방에 소매치기의 위험을 알리는 전단을 집어넣었다. 표적을 정한 뒤 열의 넘치는 인턴들이 사람들의 반응을 촬영하고, 이후 그들에게 물건 넣기를 당하게 된 연유를 설명했다.

이론상으로는 간단해 보이지만 이런 개입을 시연할 때에도 유동적인 부분이 많았다. 행사장에는 수많은 관리자가 돌아다녔고 섭외한 마술사와 전직 소매치기가 그 사이를 마음껏 활보하고 다녔으며 그 와중에 촬영진도 관리해야 했다. 하지만 아이디어를 이렇게 실험하는 것만이 문제를 해결할 유일한 방법이었다. 결국 생각한 뒤에 행동하는 것이 아니라 행동한 뒤에 생각할 때 아이디어에 신뢰를 불어넣을 수 있었다.

실험해보니 날렵한 손기술 장면을 카메라로 포착하는 것이 쉽지 않았다. 실제로 물건 넣기에서 최고의 기술은 사람들의 주머니나 가방에 물건을 재빨리 집어넣는 것인데, 카메라에는 그 순간의 스릴이 아무런 감흥 없이 담겼다. 게다가 촬영 기사가 제대로 된 앵글을 신속히 잡아내기 힘든 탓에 결정적 순간을 포착하기가 쉽지 않았다. 결국 물건 넣기 일당이 기술을 좀 더 느리게 쓰기로 했다.

촬영과 관련한 초반의 문제들을 해결한 뒤, 이 아이디어가 실생활에서 어떤 효과가 있는지 입증할 영상을 손에 넣은 오길비는 자신감과 믿음을 품고 크라임스토퍼의 문을 두드렸다. 크라임스토퍼는 행동과학의 원리를 활용해 소매치기에 대한 인식을 강화하는 메커니즘을 설명할 수 있었고, 이것이 현실에서 어떤 효과가 있는지 이미 실험을 시행한 바 있었다.

오길비의 영상에 흡족해한 크라임스토퍼 측은 공공장소에서 이런 개입을 재연할 예산을 투자하기로 했다. 그렇게 해서 브리스톨의 시장 주변에서 사람들에게 태블릿 PC나 스마트폰, 지갑과 비슷해 보이는 전단을 주머니에 넣었다. 이 전단에는 소매치기와 그 수법에 대해 더 알아볼 수 있는 웹사이트 주소를 소개했다. 그 결과 전단을 보고 웹사이트를 찾은 사람이 93퍼센트에 이르렀다. 브리스톨에서의 개입을 촬영한 영상은 언론의 관심을 끌었고 크라임스토퍼로서는 750만 파운드에 달하는 홍보 광고를 무료로 내보낸 셈이 됐다. 이 캠페인은 크리에이티브 서클 어워드와 다이렉트 마케팅 협회 어워드에서 상을 받았다. 켄트, 런던 스트랫퍼드와 이슬링턴 경찰 당국에서도 이 캠페인을 활용했다.

하우투 넛지   아이디어의 효과를 입증하는 방법

행동과학을 비즈니스에 적용하기 위해 아이디어를 고안하는 것과 그 아이디어를 실현하는 것은 전혀 다른 문제다. 물건 넣기에 대한 아이디어는 제즈의 팀이 그에 대한 행동과학적 근거를 고안하고 크라임스토퍼에서 이에 기꺼이 투자하기 한참 전에 창안한 것이다. 좋은 아이디어는 그것을 실행하기에 적절한 시기가 다가

오기 한참 전에 찾아올 수도 있다. 그러니 미래를 대비해 아이디어를 서랍에 넣어두어라. 당신의 아이디어가 왜 효과가 있을지 행동과학을 통해 정당화하고 내부 후원자들에게 이를 시험해볼 자신감을 안겨주어라. 더불어 당신의 아이디어가 효과가 있을 것임을 외부 후원자에게 확신시키기 위해 성공을 입증할 작은 사례를 먼저 확보하라.

7 아이디어와 영감을 서랍에 넣어두어라

라일라와 폴은 물건 넣기를 실행에 옮기기 한참 전, 적당한 시기가 찾아오기 전에 이 아이디어를 고안해냈다. 그들은 아이디어 보관소를 따로 둔 덕분에 아이디어를 계속 간직하고 때맞춰 소생시킬 수 있었다. 예전에 사람들은 신문이나 잡지에서 흥미로운 아이디어를 스크랩해 말 그대로 책상 서랍 깊숙이 넣어뒀다. 사회 초년생 시절에 제즈 역시 아침에 출근하면 잡지에서 오린 광고에 붙인 "이것 좀 알아봐!"라고 휘갈겨 쓴 상사의 포스트잇 메모를 받곤 했다.

아주 간단한 방식으로 당신 역시 공책이나 폴더를 만들어 그간 보거나 들은 흥미로운 아이디어를 모아둘 수 있다. 한때는 이런 것들을 서랍이나 신발 상자, 게시판 같은 물리적 저장고에 모아둬야 했지만 지금은 디지털에 손쉽게 보관할 수 있다. 핀터레스트에 이미지를 저장해두거나 슬랙으로 팀원들과 아이디어를 공유할 수도 있고, 아니면 에버노트로 정보를 모을 수 있다. 이런 보관소는 눈에

떨수록 좋다. 영감의 원천은 영원히 봉인하는 것이 아니라 언제든 숨결을 불어넣을 수 있도록 의식의 최전선에 배치해야 한다.

8 정당화하기 전에 간소화하라

아이디어의 효과가 드러날 행동 기제를 파악하기 위해서는 먼저 간단한 행동 모델을 사용해 아이디어를 기본적인 행동 용어로 분석해야 한다. 그 밖에 여러 행동 문제를 다룰 때도 이처럼 간단하게 개인적, 사회적, 환경적 요인을 고려할 수 있다. 첫째, 잘못된 행동을 장려하고 긍정적 행동을 저해하는 인식의 지름길과 편향을 파악하라. 둘째, 문제되는 행동에 타인이 어떤 영향을 미치는지 관찰하라. 셋째, 날씨라든지 소매치기가 횡행함을 알리는 경고 표시 등 행동에 영향을 미치는 지역적 또는 환경적 요인이 있는지 파악하라.

그런 다음에는 더 깊은 통찰로 아이디어의 효과를 입증할 수 있다. 물건 넣기는 사람들의 주머니를 건드리는 간단한 행동으로 소매치기의 위험을 알려서 피해를 줄이고자 고안됐다. 이를 감안하면 소매치기를 주의하라는 기존의 경고 표시가 왜 부적절한지, 어째서 더 많은 소매치기를 유도하는지 설명할 수 있다. 물건 넣기에는 소매치기를 줄일 강력한 행동적 근거가 있다. 바로 물건 넣기를 당한 사람이 부지불식간에 이런 일을 당했다는 사실을 일고 열성적 상태에 빠져서 소매치기의 위험을 알리는 경고에 더 민감하게 반응할 수 있다는 것이다.

9 외부 이해관계자들을 끌어들이기 전에 실험해보라

1장에서는 행동과학을 실생활에 적용하기 위한 실험의 중요성에 대해 이야기하면서 이런 실험이 내부 이해관계자들을 설득하는 데 효과가 있다는 사실을 입증했다. 조직 내에서 새로운 아이디어를 시험하면 최악의 경우 당신의 명성에 해를 입을 수도 있지만, 당신이나 비즈니스 전체에 대참사라 할 만한 피해는 가지 않을 것이다. 하지만 외부 후원자에게 아이디어를 전할 때에는 그것이 믿을 만한지 입증할 수 있어야 한다. 이 단계에서 실패하면 산업 전반에 걸친 명예 실추와 재정적 손실 등 막대한 피해를 입을 수 있다.

외부 이해관계자들에게 사업적 타당성을 제시해야 한다면 반드시 아이디어를 먼저 시험해봐야 한다. 견본을 만들면 아이디어를 실생활에 어떻게 적용할지 알게 되고, 그로써 아이디어를 이끌어갈 믿음과 능력을 확보할 것이다. 그렇게 아이디어를 개선하고 확장한 뒤에는 외부 이해관계자들에게 아이디어의 효과를 자신 있게 제시할 수 있다.

Chapter 4

탁월한
아이디어는
복잡하지 않다

2014년에 오길비는 행동과학 연구소를 전 세계에 수출하기 시작했다. 관심을 보인 곳 중에는 프라하와 시드니, 싱가포르 등 경제의 중심지뿐 아니라 남아프리카공화국도 있었다. 제즈와 댄은 남아프리카 최대의 소매업체 브랜드 PEP에서 브리핑을 했다. PEP에서는 고객들에게 더 많은 심카드를 판매하고자 했다.

제즈와 댄은 행동과학자로서 맡은 업무의 전후 맥락을 알아야 했기에 첫 이틀간 그곳의 문화를 탐색했다. 둘 다 남아프리카공화국 문화에 익숙하지 않다는 점을 감안하면 그곳의 냄새를 맡고 소리를 듣고 그곳 사람들의 행동을 관찰하는 것이 중요했다.

처음 제즈가 받은 인상은 거리에 신형 폭스바겐 자동차가 차고 넘친다는 것이었다. 남아프리카공화국에 폭스바겐 대형 공장이 있다고는 하지만 그렇다고 해도 거의 모든 사람이 새 차를 몰고 다닌다는 사실이 놀라웠다. 이 광경을 질투 어린 눈으로 바라보는 제즈에게 그곳 사람이 이유를 짚어줬다.

"요하네스버그에서는 누구든 웬만하면 차가 고장 나지 않길 바라거든요."

이렇게 짧은 기간 문화를 탐색하는 와중에 제즈와 댄은 다양한 이해관계자를 불러 모아 그들이 이 문제 해결에 도움이 될 온갖 기술을 두루 갖췄는지, 문화에 대해 깊이 이해했는지 등을 확인했다. 2장에서 알아보았듯이 배경이 다른 사람들이 충돌할 때 번뜩이는 혁신과 창조적 해결책이 탄생한다. 제즈와 댄은 대행사의 제작진과 전략가, 고객 관리진 및 소매업체 직원들과 머리를 맞대고 PEP를 위한 해결책을 고안하기 위해 집단 워크숍을 열었다.

응용행동과학의 세계에 몸담고 있으면 온갖 방해물을 마주한다. "말도 안 된다"거나 "될 리가 없다", 혹은 "전에도 해봤다"는 말이 기다렸다는 듯 들려온다. "준비하는 데에만 너무 오래 걸린다"거나 "너무 위험하다", "그보다 더 우선순위에 있는 것이 수두룩하다"는 말이 앞을 가로막는다. 어느 조직이든 이런 문제를 맞닥뜨리기 때문에 워크숍에서는 이해관계자들이 행동과학에 관심을 갖게 하는 것이 필수다.

그들에게 행동과학의 기본 원리를 일린 뒤 협력하여 당면한 문제를 해결해야 한다. 1장에서 상세히 살펴보았듯이 행동과학을 실생활로 끌어오고 2장에서처럼 다양한 팀을 꾸려라. 이렇게 해야 다양한 배경의 사람들을 한 배에 태울 수 있고, 그래야 남아프리카공화국의 지역적, 문화적 특성을 이해하여 PEP에 행동과학을 적용할 수 있다.

어떻게 하면 더 팔릴까?

● ● ●

영국에서는 낯선 브랜드지만 남아프리카공화국에서 PEP 매장은 어딜 가나 흔히 볼 수 있다. '없는 것이 없는' 대형마트 같은 곳으로, 영국의 윌코스나 미국의 월마트와 비슷하다. 유아용 슬리퍼부터 기저귀, 선크림, 표백제에 이르기까지 일상생활에서 혹은 가정에서 필요한 거의 모든 것을 PEP에서 구입할 수 있다. 아침에는 진열대에 물건이 빽빽하게 비축되지만 하루 동안 쇼핑객들이 휩쓸고 간 매장은 저녁이면 폭격을 맞은 듯 아수라장이 되어 있다.

PEP에는 휴대폰 심카드도 있다. 남아프리카공화국에서는 광대역 통신망이나 와이파이보다 더 널리 퍼져 있는 휴대전화를 일반적인 통신 수단으로 사용한다. 영국에서는 심카드를 한번 구입하면 몇 년씩 계속 쓰는 것이 일반적인 반면, 남아프리카공화국에서는 보통 다양한 혜택을 누리기 위해 여러 네트워크의 여러 개 심카드를 같이 사용한다. 예를 들어 한 심카드로는 오후 6시부터 8시까지

시내 전화를 무료로 사용할 수 있고 다른 심카드로는 오후 8시 이후에 국제전화를 더 저렴하게 이용할 수 있다. 심카드 판매 매장은 하나를 판매할 때마다 수수료를 받는다.

얼핏 수월해 보이는 이런 수익의 흐름을 바탕으로 고객들이 PEP에서 더 많은 심카드를 구입하게 하려면 행동과학을 어떻게 활용해야 할까?

이틀 동안 요하네스버그에서 그곳의 문화를 탐색한 제즈와 댄은 케이프타운으로 옮겨가 포커스 그룹focus group(시장조사나 여론조사 등을 위해 해당 주제나 제품, 서비스에 관심이 있는 사람을 모아 아이디어를 구상하고 대안을 모색하는 방법)을 연 뒤 문제를 해결하기 위해 이해관계자 25명이 모이는 회담 장소로 향했다.

오전은 행동과학을 소개하는 것으로 시작했다. 제즈와 댄은 행동과학을 실생활에 적용한 몇 가지 사례와 행동과학의 몇몇 핵심 원리를 소개했다. 이렇게 모든 사람에게 기본 지식을 알린 뒤 그들은 이제 어떤 행동을 바꾸고자 하는지 명확히 제시해야 했다. 고객들이 심카드를 단 하나가 아닌 세 개씩 구매하게 하려면 어떻게 넛지해야 할까? 얼핏 보면 바꾸기 쉬운 간단한 행동 같지만 구체적으로 무엇을 어떻게 해야 하는지 명확히 가리기 힘든 문제였다.

아이디어 창출을 위한 행동과학 틀

• • •

이 문제에 접근하기 위해서는 이해하기 쉽고 아이디어를 많이 창출할 수 있으면서 행동과학 입문자에게 부담스럽지 않은 틀이 필요했다. 여기서 소개하는 'MINDSPACE'라는 틀은 행동과학 이론을 공공정책에 적용할 수 있도록 고안된 것으로[16] 행동과학의 아홉 가지 원리를 연상시키는 기억법이다.

아홉 가지 원리는 전달자Messenger, 인센티브Incentives, 규범Norms, 기본값Defaults, 현저성Salience, 유도Priming, 정서Affect, 약속Commitment, 자아Ego이다. 제즈가 2010년에 폴 돌란과 함께 일하면서 고안한 속사포 같은 브레인스토밍을 통해 그들은 각각의 원리를 차례차례 파헤치며 PEP 고객들이 심카드를 하나가 아닌 세 개씩 구매하게 하기 위한 아이디어를 구상했다.

전달자

어떤 정보를 평가할 때 우리는 그 정보를 전달한 사람으로부터 상당한 영향을 받는다. PEP 고객들이 심카드를 세 개씩 구매하도록 권장할 훌륭한 전달자는 누구 혹은 무엇일까? 이런 훌륭한 전달자는 가령 PEP 직원일 수도 있고 고객의 친구일 수도 있다. 여기에 세부 사항이 첨가되면 더 좋다. 둘 중 누가 더 영향력이 클까? 휴대전화에 대해 잘 아는 친구일까, 아니면 기술과는 거리가 먼 친구일까? 휴대전화를 많이 쓰는 친구일까, 아니면 거의 쓰지 않는 친구일까? MINDSPACE의 각 철자에 따라 문제를 살피는 동안 제즈는 이해관계자들이 문제를 더 입체적이고 상세하게 이해하도록 이끌었다. 그래야 더욱 생생하고 흥미진진한 아이디어가 샘솟는다는 사실을 알기 때문이다. 이 단계에서 유력한 전달자 후보들을 포스트잇에 적고 벽에 붙였다.

인센티브

인센티브는 건너뛰었다가 마지막에 알아보았다. 사람들은 인센티브라고 하면 자연스럽게 금전적 인센티브나 보상일 것이라 넘겨짚으면서 이성적으로 생각하려는 경향이 있다. 제즈의 경험에 따르면 이런 경향이 브레인스토밍에 걸림돌이 될 수 있었다.

규범

사람들은 자신이 속한 사회집단의 규범을 따르면서 주변 사람의 행동을 그대로 따라하려는 경향이 있다. PEP 고객들이 심카드를 세 개씩 구입하게 하려면 어떤 규범을 만들어야 할까? 예를 들면 가장 인기 있는 심카드를 제시할 수도 있고 아니면 "많은 고객이 심카드를 세 개씩 구입합니다!"라고 말할 수도 있다.

기본값

우리는 기본 선택안을 고수하면서 흐름에 맡기는 것을 선호한다. 그러는 편이 인지적 노력을 줄일 수 있기 때문이다. 그렇다면 구입할 수 있는 심카드의 기본 개수를 어떻게 늘리면 좋을까? 이미 정해진 심카드의 묶음판매 단위를 바꾸거나 휴대전화 한 대에 심카드를 묶음판매할 수도 있겠다.

현저성

누구나 두드러지는 것, 시선을 끄는 것에 관심이 더 가기 마련이다. 매장에서 심카드가 더욱 더 눈에 띄게 하려면 어떻게 해야 할까? 진열대를 매장 앞쪽으로 옮길 수도 있고 아니면 광고판을 늘릴 수도 있다.

유도

우리는 결정을 내릴 때 무의식적으로 환경적 요인의 영향을 받는 다. 어떻게 하면 PEP 고객들이 심카드를 세 개씩 구입하도록 유도할 수 있을까? 광고판에 3이라는 숫자를 자주 내보내거나 직원들이 대화를 하면서 3이라는 숫자를 자주 언급할 수도 있고, 아니면 '3+1' 행사를 할 수도 있겠다.

정서

행동과학에서 정서 상태affective states라고 불리는 감정은 행동에 지대한 영향을 미칠 수 있다. 사람들이 심카드를 세 개씩 구입하게 하려면 정서를 어떻게 활용해야 할까? 심카드를 세 개씩 구입할 때마다 축하 팡파르를 울리거나 긍정적인 반응을 유발하기 위해 웃는 얼굴 이미지를 활용할 수도 있다.

약속

우리는 이전에 한 약속과 일관되게 행동하려 한다. 약속을 어떻게 활용하면 사람들이 심카드를 세 개씩 구입하게 할 수 있을까? 예를 들어 PEP 직원이 고객에게 "할인 많이 되는 제품을 찾으세요?" 혹은 "심카드를 여러 개 원하시나요?" 같은 간단한 질문을 던질 수 있다. 이 질문에 그렇다고 답한 고객들은 "그럼 오늘 심카드를 세 개 구입해보는 건 어때요?"라는 질문에 긍정적으로 반응할 확률이 높다.

자아

누구나 스스로 만족할 만한 행동을 하려 한다. 이런 경향을 어떻게 활용하면 사람들이 심카드를 세 개씩 구입하게 할 수 있을까? PEP 광고에서 누구나 동경할 만한 인물이 심카드를 여러 개 구입하는 모습을 보여줄 수도 있고, 아니면 매장에서 판촉 행사를 할 때 이런 행동을 직접 드러낼 수도 있다.

다시 인센티브로 돌아가서

마지막으로 MINDSPACE의 I, 인센티브로 돌아왔다. 이 말을 들으면 사람들은 대개 바로 금전적 인센티브를 생각한다. 인센티브는 금전적인 것일 수도 있지만 주어진 행동에 대한 혜택이나 대가로 좀 더 넓게 정의할 수 있다. 여기서 인센티브는 인식의 지름길이 될 수 있는데, 가령 심카드가 몇 개나 필요한지 신속하게 보여주는 손쉬운 방법을 고안하는 것이다.

앞서 언급했듯이 인센티브 이야기가 나오면 사람들은 그 문제에 꼼짝없이 갇혀서 결국 워크숍 전체를 흐트러뜨리고 만다. 그러니 전달자에서 바로 규범으로 넘어갔다가 마지막에 인센티브로 돌아오는 것이 가장 좋다.

간단하면서 강력한 아이디어 찾기

• • •

소규모 팀에서 이 틀을 따라가다 보면 아이디어가 1분에 한 개씩 쏟아진다. 이것이 행동과학의 묘미다. 사람들에게 기본 원리를 간단히 알려주고 간편한 틀만 제시하면 짧은 시간 안에 아이디어가

봇물 터지듯 쏟아진다. 여기서 최고의 아이디어를 가려내는 것이 중요하다. 묵직한 무게가 있는 아이디어는 무엇인가, 에너지가 불꽃처럼 튀는 아이디어는 무엇이고, 함께 연결하여 개입에 대해 상세히 말할 수 있는 아이디어는 무엇인가?

희소성의 원칙을 활용해 심카드를 더 가치 있게 만들자는 아이디어도 있었다. "품절 임박, 서두르세요! PEP 단독 판매!"라는 글귀를 계산대와 전단, 포스터에 게재하는 것이다. 그런가 하면 의사소통의 사회적 규범을 활용해 "그거 알아? PEP에서 심카드를 구입하는 사람이 천만 명이 넘는데!" 등의 이야기로 고객을 자극하자는 아이디어도 있었다. 아니면 할인 판매대나 계산대, 현수막에 심카드를 더 눈에 띄게 내걸어서 고객들의 제한된 관심을 사로잡자는 아이디어도 있었다.

그 밖에도 강력한 아이디어가 여럿 나왔는데 그중에서 극도의 단순함으로 단연 눈에 띄는 것이 있었다. 각기 다른 통신사의 심카드세 개를 한 묶음으로 판매해서 고객들이 한 번에 세 개의 심카드를 구입하게 하자는 것이었다. 개별 판매 대신 심카드 세 개를 한 묶음으로 판매하는 것이다. 기본 선택안 자체를 바꾸자는 안은 여느 번뜩이는 아이디어가 그렇듯 명명백백했다. 심카드 묶음을 기본 선택안으로 설정하면 고객들이 한 번에 세 개를 구입해서 세 가지 심카드를 모두 써볼 가능성이 높았다. 게다가 심카드는 모두 통신사에서 무료로 배송하기 때문에 PEP 입장에서도 비용이 추가로 들어갈 일이 없었다.

워크숍에는 똑똑하고 노련한 사람들이 대거 참여했는데 그들이 고안한 해결책은 믿을 수 없을 만큼 간단했다. 간단명료한 해법 같아 보이지만 이전에는 누구 하나 생각하지 못한 것이었다. 행동과학은 상식처럼 보이지만 흔하지 않은 아이디어를 발굴하는 데 탁월한 역할을 한다. 그러니 이런 사소한 아이디어도 내치지 마라. 대수롭지 않아 보이는 아이디어가 엄청난 결과를 몰고 올 수 있다.

'심카드 묶음'보다 귀에 쏙 들어오는 이름이 필요하던 찰나, 제품 이름이 정해졌다. '링가 세이버 심팩'이라 이름 붙여진 이 제품에는 각기 다른 통신사의 심카드 세 개가 한 묶음으로 포장되어 PEP 고

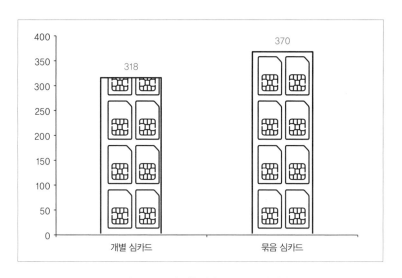

그림 4.1 2016년 2월 심카드 주 평균 판매량

객들이 각 통신사가 제공하는 최상의 혜택을 누릴 수 있도록 구성
됐다.

링가 세이버 심팩은 2015년 한 달 동안 34개 매장에서 선보였다.
같은 기간에 다른 여섯 개 매장과 비교해보니 세 개들이 한 묶음을
판매한 PEP 매장이 그렇지 않은 매장보다 심카드를 16퍼센트 더 많
이 판매하면서 통계적으로 유의미한 증가를 보였다.

하우투 넛지 ‖ 행동과학자의 워크숍 진행법

행동과학의 원리에 기대면 워크숍을 성공적으로 진행할 수 있다.
서열 위치 효과serial-position effect에 따라 워크숍의 처음과 끝이 중요한
데, 처음과 끝에 나온 것들을 기억하기가 더 쉽기 때문이다. 더불어
사람들에게 워크숍 당일의 일정을 미리 알려서 모호성을 줄이는 것
이 좋다.

10 초두 효과 : 워크숍의 첫 단추를 잘 꿰어라

연구를 통해 알게 되었듯이 어떤 경험의 전반적인 인상을 형성하
는 데에는 처음이 중요하다.[17] **초두 효과**primacy effect라 알려진 이 원
리는 워크숍의 첫 단추부터 잘 꿰는 것이 중요하다고 강조한다.

우선 워크숍 장소를 업무 공간과 떨어진 곳으로 정하라. 평소의

업무 공간과 떨어져 있을 때 사람들은 일상적 업무에서 벗어나 워크숍에 조금 더 집중할 것이다.

사람들에게 워크숍에 참석하기 전에 관련 서적을 미리 읽고 작은 과제를 하거나 관련 주제에 대한 생각을 적어 오라고 요청하라. 워크숍 진행자로서 당신은 워크숍 시작 전에 몇 가지 좋은 아이디어를 미리 준비해둬야 할 것이다. 준비한 아이디어는 서랍 깊숙이 넣어뒀다가 워크숍이 잘 진행되지 않을 경우에 한하여 꺼내놓으면 된다. 그 자리에서 서로 처음 보는 사람이 많을 테니 자연스럽게 대화하고 교류하면서 긴장을 풀도록 분위기를 바꿔볼 수도 있겠다.

11 모호성 기피: 그날의 일정을 알려라

누구나 모호한 것을 피하려는 **모호성 기피**ambiguity Oversion 성향이 있다. 이 사실을 감안하여 워크숍을 시작할 때 그날의 일정을 대강 알리고 휴식 시간을 알리는 것도 잊지 마라. 분위기를 띄우기 위해 사람들에게 그날 워크숍에서 바라는 점과 우려되는 점, 기대되는 점 등을 물어보라. 그렇게 해서 워크숍의 분위기를 살필 수 있을 뿐 아니라 이를 기준점으로 삼아 일정이 모두 끝난 뒤 그날의 워크숍을 돌아볼 수도 있다.

나머지 오전 시간에는 행동과학에 대해 소개하면서 몇 가지 사례 연구를 제시하고 몇몇 질문을 통해 사람들이 그동안 인식하지 못한 자신의 심리적 오류를 파악하도록 도울 수 있다. 이렇게 행동과학에 대한 기본적 이해를 도와 그 자리에 있는 사람들이 모두 같은 출발선상에 서도록 이끄는 것이다.

아이디어 창출과 관련해서는 각 팀이 MINDSPACE와 같은 틀에 맞춰 의견을 모은 뒤 가장 흥미로운 아이디어를 전체 참가자들과 공유하게 하라. 이와 같이 제한된 틀을 사용하면 모호함을 줄일 수 있고, 이런 제약이 역설적으로 더 독창적인 아이디어를 끌어내는 바탕이 될 수 있다.

그렇게 하면 사람들이 유독 관심과 열의를 보이는 아이디어가 몇 가지로 추려질 것이다. 이런 아이디어는 STAR 기법을 통해 간단히 평가할 수 있다. 진행자는 네 개, 여섯 개, 혹은 여덟 개의 축을 그린다. 각 축의 중심은 0이고 끝은 10을 가리킨다. 각 축은 비용, 용이함, 흥미로움 등 아이디어의 성공에 핵심이 되는 기준을 나타낸다. 이와 같은 기준에 따라 각각의 아이디어를 평가하면 가장 유력한 아이디어가 무엇인지 금세 눈에 띌 것이다. 이 방법을 활용해 해당 아이디어의 취약점을 파악하여 보완하고 개선할 수 있다.

12 최신 효과: 긍정적인 결론을 내리면서 워크숍을 마무리하라

워크숍의 막바지에는 참가자들에게 오래 남을 만한 인상을 심어 주는 것이 좋다. **최신 효과**recency effect[18]에 따라 우리는 어떤 상황의 중간보다 결말을 기억하기가 더 쉽다. 다시 말해 워크숍을 잘 마무리하는 것이 중요하다는 뜻이다.

노련한 진행자라면 그날의 기록을 한데 모으는 것이 중요하다. 창의력을 끌어내는 것 자체가 어수선한 작업이기 때문에 이런 어수선함을 제지하면서 동시에 뜬구름 잡는 생각들이 마음껏 펼쳐지도록 해야 한다. 그날 하루를 다이아몬드라고 생각하라. 처음에는 여러 아이디어가 무한히 팽창했다가 막바지에 이르러 단 하나의 결정체로 압축되는 것이다. 벽을 캔버스 삼아 작성하고 붙인 여러 목록과 포스트잇, 도표를 통해 워크숍의 각 단계가 기승전결을 갖춰 진행되게 하라. 가장 먼저 워크숍을 시작하면서 사람들이 바라는 점과 우려하는 점 등을 확인하고 미리 해온 과제를 통해 알게 된 점을 파악한 뒤 나온 아이디어를 모두 기록하라.

마무리를 지을 때에는 벽에 기록된 그날의 연대기를 쭉 읊어보라. 사람들의 노고를 치하하고 성과를 간략히 정리하라. 무엇보다 최종 채택된 아이디어에 대해 모든 사람의 동의를 얻고 다음 단계로 나아가는 것이 중요하다. 마지막으로 처음 시작할 때 함께 나눈 워크숍에 대한 바람과 우려를 되짚어보라. 워크숍이 사람들의 바람과 기대에 부합했는지, 우려하던 점은 잘 극복했는지 확인하는 것으로 워크숍을 만족스럽게 마무리할 수 있다.

똑똑한 마케터의
선택 설계

2000년대 초반에 다국적 광고 기업 WPP의 전직 CEO는 매년 열 개의 주요 회의를 열었다. 격식을 갖춘 이 미팅에서 그는 주요 거래 처 열 곳과 그 대행업체와 광고 및 미디어, 홍보 담당 대표들을 한 자리에 초청했다. 미팅에서 각각의 대행업체는 거래처와 진행한 가 장 만족스러운 작업에 대해 이야기할 한 번의 기회를 얻었다. 대행 업체로서는 빛을 낼 단 한 번의 기회였다. 이 미팅은 각 대행업체가 명성을 얻을 수도, 잃을 수도 있는 자리라고 해도 과언이 아니었다.

한 미팅에는 세계 최대의 식음료 제조업체가 주요 거래처 열 곳 중 하나로 참석했다. 그 기업의 대행업체가 오길비였기에 제즈가 미팅의 연단에 올라야 했다. 제네바 호수가 내려다보이는 완전무결 한 미팅 장소에 28명이 모였다. 그중에는 WPP의 CEO와 거래업체 의 글로벌 마케팅 담당 CMO, 오길비의 CEO 등이 있었다. 이 단 한 번의 기회에 제즈는 오길비의 행동과학 연구소가 제공할 수 있는 심리적 혁신을 선보여야 했다.

제즈로서는 이번 프레젠테이션을 통해 행동과학을 개개인의 실생활에 접목시킬 뿐만 아니라 사업적 맥락에 적용해 보이는 것이 중요했다. 이때 추상적이고 이론적인 사례만으로는 행동과학이 비즈니스에 어떤 도움이 되는지 이해시키기 힘들었다. 3장에서 우리는 행동과학이 구체적 맥락에서 어떻게 적용되는지 입증하는 것이 중요하다는 사실을 알아보았고, 그 예로 거리에서 소매치기 줄이는 방법에 대해 이야기했다. 마찬가지로 제즈는 행동과학이 우리의 삶과 맞닿아 있다고 느끼도록 고객 브랜드 중 한 곳에 관한 영상을 제작했다.

그로스 해킹하라

• • •

행동과학의 가치를 증명하기 위해 경영진에게 유의미한 결과를 제시하는 것도 중요했다. 학계에서는 통계적으로 유의미한 결과를 이끌어내겠다는 단 하나의 목적을 위해 실험을 고안하고 분석하면 비난을 받는다. 이러한 방법을 p-해킹p-hacking이라 부르는데, 유의미한 p-값p-value을 이끄는 특정 패턴을 찾기 위해 데이터를 부정확하게 분석하는 것을 일컫는다.

이와 대조를 이루는 것이 비즈니스에서 점점 많이 보이는 그로스 해킹growth hacking이다. 이는 간단히 말하면 민첩하고 역동적인 실험의 한 절차로, 여러 부서가 혼합된 팀에서 사업을 성장시키는 가장 효율적인 방안을 찾는 것이다. 로리 서덜랜드가 말했듯이[19] 비즈니스에서는 심리학적 원리를 경험적 증거로 증명하는 것이 중요하지 않다. 그보다는 상업적 결과를 이끌어내는 것이 더 중요한데, 이를 위해 엄격한 과학적 방법은 필요하지 않다. 학계에서는 어떤 실험의 결과가 한낱 우연에 불과할 확률이 20분의 1일 때에야 만족하는 반면, 비즈니스에서는 조금 더 관대하게 10분의 1일 때에도 만족한다.

이처럼 행동과학을 사업적 맥락에 적용할 때에는 그로스 해킹의 사고방식이 도움이 될 것이다. 가설을 세우고 몇 가지 개입을 고안하여 시행한 다음에는 사업 성과를 달성하기 위해 그때그때 상황에 따라 실험을 늘리는 것이다.

아무 가치 없는 결과만 내기보다는 실용성을 극대화하고 실험의 본질을 바꿔 그동안 투자한 자원을 제대로 활용하라. 결국 상업적 자원은 학계의 보조금과 달리 반드시 회수돼야 하는 것이니까.

세 가지 퀴즈로 행동과학을 말하다

● ● ●

앞서 언급했듯이 사람들에게 행동과학의 힘을 알리는 첫 번째 단계는 그들의 심리적 편향을 드러내고 뇌가 범할 수 있는 오류를 직접 경험하게 하는 것이다. 민간 부문의 고위급 의사 결정자들이 모인 이번 미팅 역시 예외는 아니었다. 그런데 미팅의 의제를 논하는 자리에서 제즈는 무슨 일이 있어도 전 세계 거래처의 고위급 관계자는 물론 조직 내의 고위급 경영진 중 누구에게도 맞히기 힘든 퀴즈를 내어 그 사람이 다른 27명 앞에서 망신당하는 일이 없게 하라는 당부를 받았다.

그간의 경험상 제즈는 퀴즈가 없으면 프레젠테이션이 효과가 없다는 사실을 잘 알고 있었다. 그 자리에 있는 모든 사람이 함께 행동과학을 탐험하려면 퀴즈는 반드시 필요했다. 결국 제즈는 자신의 입장을 단호히 고수하겠다는 위험을 떠안았다. 무수한 논쟁이 이어지고 자신의 커리어가 위험에 처하는가 하면 발제에서 제외되는 우여곡절 끝에 제즈는 어렵사리 승낙을 받을 수 있었다.

제즈에게 할당된 시간은 10분 남짓이었다. 우선 제즈는 행동과학의 세 가지 원리를 알리는 스피드 퀴즈로 시작했다. 사람들이 판단 및 결정을 내릴 때 범하는 통계 오차를 통해 행동과학에 대한 무지를 드러내고자 의도적으로 고안한 것이다.

첫 번째 문제는 다음과 같다.

"야구 방망이와 야구공은 합해서 1달러 10센트입니다. 방망이는 야구공보다 1달러 더 비쌉니다. 그럼 야구공은 얼마일까요?"

정확한 답은 5센트지만 대부분 10센트라고 잘못 말한다. 질문이 프레이밍 되어 있기 때문이다.[20]

두 번째 문제로, 다음 문장에서 'f'가 몇 번 나오는지 파악할 것을 요청했다.

"Finished Files are the results of years of scientific studies combined with the experience of years."

대부분 f가 네 번 나온다고 말하지만 정확한 답은 여섯 번이다. 이 문제는 **단어 우월 효과**word superiority effect로 설명할 수 있다. 단어에 아주 짧은 시간 노출되면 낱자 하나하나보다 단어 전체로 파악하는 것이 더 수월하게 느껴진다.[21] 제시된 문장에서 'of'는 소리 내어 읽으면 'ov'에 가까이 들리므로 f를 인식하기가 더 어렵다.

세 번째 문제, 사람들에게 [그림 5.1]과 같이 착시를 일으키는 그림을 보여주고 A와 B 중 어느 사각형이 더 밝은지 물었다. 이 질문은 **상대성 편향**relativity bias, 즉 우리가 주변 환경과 연관 지어 지각 판단을 내릴 때 쉽게 빠지는 편향을 드러낸 것인데, 대부분 B가 더 밝다고 대답한다. 사각형 A는 밝은 색 사각형에 둘러싸여 있어서 더 어두워 보이고 사각형 B는 어두운 색 사각형에 둘러싸여 더 밝아 보인다. 더불어 우리의 뇌는 옆에 서 있는 원통이 그림자를 드리운

그림 5.1 사각형 A와 B 중 어느 쪽이 더 밝은가?

다고 지각한다. 그런데 사실 A와 B의 밝기는 같다.

  사람들에게 앞의 세 문제에 대한 답을 적게 한 뒤 모두 맞힌 사람
이 있는지 물었다. 직급이 가장 높은 세 사람이 정답을 맞혔다고 생
각하며 기쁜 마음으로 손을 들었다. 그들은 인식하지 못한 사이 심
리적 편향에 빠져 있었다. 실제로 그들이 적은 답은 모두 틀렸다. 탁
자 너머로 글로벌 회계 담당 이사가 두 손으로 머리를 감싼 모습이
보였다. 제즈가 틀림없이 조만간 해고당하리라 예상한 듯했다.

  하지만 제즈가 예견했듯이 사람들이 자신의 심리적 편향을 경험
하게 하는 것은 행동과학을 이해하는 중요한 단계였기에 위험을 무

롭쓸 가치가 있었다. 이렇게 기반을 다져놓고 나니 사업적 맥락에서
행동과학의 가치를 증명하는 단계로 수월하게 넘어갈 수 있었다.

파리 레스토랑의 넛지

• • •

제즈는 한 가지 실험을 진행했다. 프랑스의 유명 탄산수 브랜드에
행동과학이 어떤 도움이 될지 알아보는 실험이었다. 실험의 목표는
간단했고 상업적 장점은 분명했다. 카페에서 사람들이 이 브랜드의
탄산수를 더 많이 마시게 하려면 어떤 넛지를 활용해야 할까?

2014년에 댄과 줄스는 런던과 파리에서 탄산수의 판매량을 늘리
기 위한 실험을 진행했다. 줄스 호지스Jules Hodges는 선택 설계자이
자 신설된 행동과학 연구소의 세 번째 일원이었다. 영국에서 탄산
수의 판매량을 늘리는 것도 힘들었지만 파리에서는 더 힘든 일이었
다. 파리 사람들은 이미 이 브랜드의 제품을 즐겨 마시고 있었기 때
문이다. 그렇긴 해도 그들이 개입한 상점을 조사해본 결과, 눈에 띄
는 성과가 드러났다.

식당과 바에서 기본으로 설정된 것은 대동소이했다. 탁자에 놓
인 나이프, 포크 등은 전체 요리, 메인 요리, 디저트 등 식사 코스의
기본 횟수를 결정했다. 뒤집힌 채 놓인 와인 잔은 손님이 식사하면

서 와인을 마실 것이라는 기본 설정을 드러냈다. 와인을 마시지 않을 거라고 말하면 식당 직원은 당신을 얕보면서 와인 잔을 치울 것이다. 당신이 식당에 있는 손님 대다수가 와인을 마신다는 사회적 규범에서 벗어나 있음을 알리며 **손실 회피**loss aversion를 유도하는 것이다. 이를 바탕으로 고안한 첫 번째 개입은 바에서 특정 브랜드의 탄산수를 기본으로 설정하는 것이었다. 그렇게 해서 물병과 물잔이 기본 테이블 세팅에 포함됐다.

사회적 규범은 고객의 음료 선택에 영향을 미치는 수단으로 사용됐다. 직원이 고객에게 다가가 이렇게 물었다.

"음료를 드시겠습니까? 브랜드 탄산수나 소다 중 무엇으로 하시겠어요?"

이런 식으로 제안을 프레이밍하면 모든 사람이 프랑스 브랜드의 탄산수를 마신다는 인상을 심어주어 고객이 이를 따르도록 영향을 미친다.

메뉴 역시 탄산수 브랜드가 좀 더 두드러져 보이도록 수정했다. 보통 메뉴에는 음식이 먼저 나오고 뒤이어 주류와 음료가 나오는데, 물은 브랜드가 적혀 있지 않은 경우가 대부분이다. 메뉴만 봐서는 물의 브랜드를 알기 힘들고 그저 탄산수인지 생수인지 가늠할 뿐이다. 이런 상황에서 네 가지 다른 추천 메뉴가 포함된 특별 메뉴를 내놓자 탄산수 브랜드가 더욱 눈에 띄었다. 사람들이 사전에 설정된 선택안을 그대로 따를 가능성이 높다는 사실만 봐도 알 수 있듯이, 선택 설계를 변경하고 나니 미리 정해진 선택안을 택하기가 더 수월해졌다.

빠르게 선택을 재설계하기

• • •

파리의 바에서 빠듯한 일정에 맞춰 이런 변화를 시행하는 동안 줄스와 댄은 몇 가지 문제에 맞닥뜨렸다. 넛지를 설정하고 얼마 안 되어 이러한 넛지 중 일부가 아무 효과도 없으리란 것을 알아본 것이다. 탁자에 물병을 둔 것은 탄산수를 마시는 것을 기본으로 설정해서 물병이 치워졌을 때의 '손실 회피'를 유발하기 위함이었다. 그런데 실제 상황에서는 누구도 미지근한 물을 마시려 하지 않았다. 다들 냉장고에서 바로 꺼낸 시원한 물을 선호했다. 이를 반영해 탄산수 병을 샴페인처럼 얼음 통에 담갔다. 탄산수를 마시는 것이 더욱 값진 경험이 되도록 포장하면서 물을 계속 차갑게 유지할 수 있었고, 더불어 빨리 마셔야 한다는 다급함도 느끼게 했다.

또 다른 난관은 음료 메뉴에 있었다. 음료 메뉴가 손님들에게 기본적으로 전달되리라 예상한 것과 달리 사람들은 대부분 메뉴를 보지 않고 기억을 더듬어 음료를 주문하거나, 바 뒤에 걸린 메뉴판을 보고 주문했다. 메뉴에 끼워 넣은 넛지는 제대로 드러나지 못했다.

결국 댄과 줄스는 그날 하루만 모든 고객에게 음료 메뉴를 건네는 것으로 방향을 바꿨다. 이렇게 그들은 행동과학의 효과를 입증할 결과를 얻기 위해 개입을 그로스 해킹했다.

마침내 결과가 측정되고 사례 연구 영상이 만들어졌다. 단 하루 동안 사람들의 행동에 개입한 결과, 브랜드 탄산수의 판매량은 파리에서 116퍼센트, 런던에서 220퍼센트 증가했다. 통계 분석에 따르면 이런 결과가 우연히 일어날 확률은 30분의 1이었다. 이번 사례 연구는 사업적 성과를 위해 넛지가 어떻게 사용될 수 있는지 보여주는 실례로 제시됐다. 이로써 행동과학 연구소는 여러 대행업체에 없어서는 안 될 곳으로 자리매김했다.

하우투 넛지 　 반대론자들을 설득하는 프레젠테이션의 비밀

13 행동과학을 개인적, 전문적 차원에서 경험하라

행동과학에 관한 한, 경험하는 것이 곧 믿는 것이다. 경험을 통해 행동과학이 개인적 차원에서 우리 자신의 삶은 물론 조직 내 자신의 역할과 어떻게 맞닿아 있는지 알아볼 수 있다. 당신을 비롯해 당신의 고객이나 직원 역시 여러 편향에 빠지기 쉽다는 사실을 실세로 경험할 필요가 있다. 이번 사례에서처럼 고위 간부들이 망신을 당하는 일이 있더라도 퀴즈를 푸는 것이 중요하다. 그렇게 해야 이런 심리적 오류가 모든 사람에게 영향을 미친다는 사실을 알게 된다.

마찬가지로 전문 분야에서 고객에게 넛지를 가하는 것이 중요하다. 행동과학이 상업적 가치 창출을 위해 브랜드에 어떻게 적용되는지를 보여주는 사례 연구를 제시하라. 두 가지 다른 산업의 유사점을 찾는 것만으로는 부족하다. 그들 산업 특유의 증거 사례를 찾아야 한다.

14 테스트 앤 런 접근법을 반복적으로 채택하라

비즈니스에서 그로스 해킹이라 불리는 테스트 앤 런test and learn(지속적 시도와 시행착오를 통해 변화를 꾀하는 방법) 접근법은 실생활에서 긍정적인 행동 변화를 이끄는 가장 좋은 방법이다. 응용행동과학에서는 이러한 그로스 해킹 접근법을 채택하는 것이 바람직하다고 여겨진다. 로리가 암시했다시피 수집한 증거의 효용성은 그 증거를 바탕으로 내리는 결정이 얼마나 중요하냐에 따라 달라진다.

"비즈니스에서는 '올바를' 필요가 없다. 그저 적당히 올바르거나 아니면 수익성 좋은 시장을 충분히 점유하고 있으면 된다. 결국은 경쟁자보다 크게 그릇되지만 않으면 되는 것이다."[22]

그러니 임의적 숫자를 바탕으로 한 학계 수준의 엄격한 통계적 유의성에 목매지 마라. 그 대신 사업 결정의 맥락에 적절하다고 느끼는 증거 사례 확보를 목표로 삼아라. 그로스 해커들이 그러듯 그때그때 실험을 늘려가면서 바라는 성과를 거둬라.

한 집단의 사람들에게 행동과학을 선보일 기회가 단 한 번밖에 없다면 고도의 연출이 필요하다. 쓰는 언어부터 말하는 방법, 말하는 순서까지 사람들 앞에 선보이는 모든 순간을 연습하라. 중요한 순간에 그 자리에 있는 사람들과 소통하는 방법, 당신의 강점을 활용해 소통하는 방법 등을 연출하는 것이다.

하지만 프레젠테이션을 지나치게 세련되게 하는 것도 경계해야 한다. 씽커벨Thinkerbell 창시자 애덤 페리어Adam Ferrier가 말했듯이 군데군데 더듬거리는 순간이 있어야 더 신뢰를 얻는다. 행동과학에서는 이를 **실수 효과**pratfall effect라고 부르는데[23] 사람들이 사소한 실수를 저지를 때 더욱 호감을 얻는 현상을 말한다. 자신만의 결함을 드러내는 것도 한 가지 방법이다. 키가 165센티미터 정도인 제즈는 프레젠테이션을 할 때면 주기적으로 자신의 별명을 언급한다.

"주변에서 저를 요다라고 부릅니다. 제가 정신이 혼미해지는 기술로 사람들의 행동을 바꾼다는 의미에서 이런 별명을 붙여준 거겠죠. 분명 제 키 때문은 아닐 겁니다. 제 귀도 아직 그렇게 텁수룩하지는 않잖아요."

제즈가 아는 한 키가 커야 좋은 행동과학자가 되는 것도 아니니 자신의 능력에 해가 되지 않는 결함을 찾는 것이 좋다. 아니면 일부러 다음에 할 말을 잊어버린 척하거나 알림판을 잘못 들고 있거나, 마시던 차를 흘릴 수도 있겠다. 이런 식으로 개인적 결함을 드러내거나 사소한 실수를 저지르면 사람들은 당신을 더욱 편안하게 느끼면서 함께 일하고 싶어 할 것이다.

Chapter 6

태국인들의
세탁 습관을
바꿔라

일본에는 당신을 침대에서 일으켜 세우기 위해 아무 거리낌 없이 수치심을 건드리는 자명종 시계가 있다. 더 자기 버튼을 누를 때마다 시계는 당신의 트위터 계정에 "나는 자전거를 못 탑니다", "나는 지금 세일러복을 입고 있어요"같이 일본 문화에서는 난처하기 짝이 없는 메시지를 올린다. 누구든 침대에 몇 분 더 누워 있다가 공개적으로 망신당하고 싶지 않으면 일어날 수밖에 없다.

마침 영국 공중보건국 홍보 업무에 열을 올리고 있던 제즈의 팀은 이 아이디어에서 영감을 받아 어떻게 하면 사물 인터넷을 행동 개입에 활용할지 궁리했다. 사물 인터넷은 우리의 일상생활에 대변혁을 일으킨다. 집 안의 온도를 무선으로 조절하거나 비어 있는 냉장고를 자동으로 채워 넣고, 배달원을 위해 멀리서 현관문을 열어 줄 수도 있다.

영국 공중보건국의 광고 타깃은 자립 능력을 잃어가면서 자녀의 부양에 기대기 시작하는 노년층이었다. 이제 중년에 접어든 자녀들은 갈수록 쇠약해지는 노부모에게 문자메시지를 보내거나 전화를 하고 주기적으로 들러야 할 필요를 절실히 느낀다. 물론 낙상 경보기 같은 것들이 존재하지만 자녀들에게 노부모의 움직임을 주기적으로 알릴 방법은 없다.

오길비 체인지 팀은 트위터를 하는 자명종 시계에서 영감을 받아 터무니없어 보이는 아이디어를 내놓았다. 트위터 하는 주전자를 만들면 어떨까? 영국 사람들은 아침에 일어나면 가장 먼저 차를 끓인다. 이런 습관을 활용하면 부모를 걱정하는 영국 전역의 자녀들은 부모님의 주전자가 보낸 트위터를 확인하며 안심할 수 있지 않을까?

"잘 잤니! 나는 이제 막 차를 한잔 끓여 마시려고 한다."

트위터 하는 주전자는 오길비 실험팀에서 영국 공중보건국 홍보를 위해 제작했다. 주전자에 부착된 전기 상자에는 여러 전선이 연결되어 있었는데, 확인해볼 것도 없이 겉모습이 그리 매력적이진 않았다. 주전자는 주인이 잘 지내고 있다는 사실을 트위터로 간단히 확인해주면서 안에 담긴 물의 온도까지 정확히 알렸다.

"물 온도는 이제 40도란다."

그리고 얼마 뒤 다시 올린다.

"이제 45도네."

역대급 지루한 트위터로 등극하고도 남을 내용이다.

트위터 하는 주전자에 대한 아이디어는 결국 실현됐지만 진지하게 받아들여지기는 힘들었다. 기계는 험악해 보였고 트위터에는 생뚱맞은 글만 올라왔다. 그렇다고 홍보를 그만둔 것은 아니지만 이번 일로 간단한 교훈을 얻었다. 아이디어를 실행할 제대로 된 생태계가 없다면 아이디어는 훨훨 날 수 없다.

앞으로 살펴보겠지만 태국 사람들의 몸에 밴 세탁 습관을 바꿀 기회가 왔을 때 제즈와 그 팀의 아이디어가 결국 결실을 맺지 못한 것도 이런 이유에서였다. 행동을 변화시킬 완벽한 아이디어를 구상해내는 것은 아주 멋진 일이다. 하지만 그 아이디어를 실행할 능력까지 갖추는 것이 중요하다.

왜 세탁 시간이 줄어들지 않을까?

● ● ●

서양은 대부분 손세탁의 수고로움에서 해방됐다. 하지만 세계의 많은 사람이, 가령 태국인들은 아직도 매일 세 시간을 세탁에 할애하고 있다. 그들은 일렬로 늘어선 양동이에 옷을 옮겨 담으면서 몇 번의 세탁 단계를 거친다. 그 모습이 마치 공장의 가동 라인 같기도 하다. 옷은 애벌빨래 양동이에서 세제를 푼 양동이, 마지막으로 섬유유연제를 푼 양동이로 옮겨간다. 양동이를 두 개만 쓰는 사람도 있고 네 개씩 쓰는 사람도 있지만 세탁 과정은 다들 비슷하다. 믿을 수 없을 만큼 노동집약적이다. 육체적 노동도 엄청나지만 옷을 헹구는 데에만 물이 몇 양동이씩 동원된다.

컴포트는 유니레버에서 만든 섬유유연제이고, 손세탁용 섬유유연제는 컴포트 원 린스라 불린다. 기존의 섬유유연제와 달리 컴포트 원 린스는 단 한 번만 헹구면 되기 때문에 물이 귀중한 아시아 변두리 지역에서 요긴하게 쓰인다.

이 제품은 물만 아끼는 것이 아니라 시간도 아껴준다. 헹굼을 한 번 생략하면 손세탁 시간이 20분씩 줄어드니 일상에 20분의 여유가 더 생기는 셈이다. 이런 시간이 일 년 모이면 한 주가 된다. 빨래할 때 헹굼을 단 한 번으로 줄여서 얻게 되는 시간이다. 컴포트 원 린스는 제대로만 사용하면 환경적, 물리적 혜택은 물론이고 자유까지 누릴 수 있다.

그런데 문제는 사람들이 이 제품을 제대로 사용하지 않는다는 것이었다. 컴포트 원 린스는 다른 섬유유연제와 마찬가지로 포장되고 광고됐다. 여느 제품들과 근본적으로 다른 제품임을 아무리 강조해도 소비자의 눈에는 같은 제품으로 보일 수밖에 없었다. 말하자면 사람들은 이 제품을 다른 섬유유연제처럼 쓰는 바람에 한 번만 하면 되는 헹굼을 계속해서 두세 번씩 하고 있었다.

습관을 바꿔주는 도구

• • •

제즈의 팀은 행동 변화 프로젝트에 돌입했다. 컴포트 원 린스를 쓸 때 한 번만 헹구도록 하려면 어떻게 해야 할까? 겉으로는 간단해 보이는 문제지만 여러 제약 사항이 있었다. 제품 포장과 가격은 그대로 유지돼야 했다.

행동 개입을 위해 그 맥락을 직접 경험하는 것이 중요한데, 4장에서처럼 오길비 팀이 직접 태국으로 가볼 상황도 아니었다. 차선책은 태국 유니레버의 지속 가능 담당 부서가 찾아오는 것이었다. 이곳 직원들은 제즈의 팀과 함께 런던 중심가의 5성급 호텔 원 알드위치에서 열린 워크숍에 참석했다.

유니레버 담당자들은 태국인들이 손세탁을 할 때 컴포트 원 린스를 어떻게 사용하는지 호텔 화장실에서 직접 시연해 보였다. 제즈는 정장을 입은 이들이 소매를 걷어 올리고 화장실 바닥에 무릎을 꿇고 앉아 양동이에 자신의 손을 더럽혀가면서(혹은 덩달아 손도 빨면서) 옷을 신나게 빠는 광경을 지켜보던 순간을 지금도 생생하게 기억한다.

행동 진단
지속 가능성을 위해 행동을 변화시키기는 힘들다는 사실은 익히 알려져 있다. 누구나 물을 아끼고 플라스틱을 재활용하거나 에너지를 아껴 써야 한다는 도덕적인 생각은 하고 있지만 이를 행동으로 옮기려면 상당한 육체적, 인지적 노력을 쏟아야 한다.

이번 프로젝트에서는 행동 진단을 위해 태국 현지에 대한 통찰과 비디오 에스노그라피video ethnography(대상 지역에 카메라를 고정해두고 촬영해 관찰하는 기법)가 사용됐다. 그 결과 습관과 주변 상황, 사회적 규범이 세탁 방법에 영향을 미치는 것으로 드러났다. 세탁 관습은 몇 세대를 거쳐 이어져왔다. 할머니가 어머니에게, 어머니가 아이들에게 세탁 방법을 가르쳤다. 섬유유연제를 사용한 뒤 두세 번씩 헹구는 습관은 이미 깊이 뿌리박혀 있었기에 이 습관을 아예 잊어버리거나 다른 습관으로 대체해야 했다. 더불어 모든 구조적, 환경적 상황이 예전과 똑같았기 때문에 기존의 행동에서 벗어날 여지는 어디에도 없었다.

노력 휴리스틱

프로젝트 담당 팀은 치약에서 영감을 받아 행동 해법을 고안했다. 튜브에서 짜낸 치약의 색색의 줄무늬를 보면서 사람들은 그 안에 유효 성분이 있다고 굳게 믿는다. 제조 과정에서 추가적 노력을 기울여야 하지만 건강한 잇몸용은 붉은 선, 튼튼한 치아용은 흰 선, 입 냄새 제거용은 푸른 선 등으로 구분하면 유효 성분이 더욱 효과가 있는 것처럼 보인다. **노력 휴리스틱**effort heuristic은 정신적 경험 법

칙으로, 무언가를 만들 때 들인 노력의 양을 그 결과물의 품질과 연관 짓는 것이다.[24] 이와 같은 치약은 만들 때 많은 노력이 들어가는 것처럼 보이기 때문에 더 가치 있고 효과적이라고 인식된다. 이런 식으로 제품에 복잡성을 더하면 소비자에게 더욱 그럴듯하게 비칠 수 있다.

사람들이 컴포트 원 린스를 쓰면서 여전히 빨래를 몇 번씩 헹구는 이유도 노력 휴리스틱으로 설명할 수 있다. 이 제품을 쓸 때 노력이 덜 들어간다고 하면 사람들은 제품의 효과가 더 떨어진다고 인식한다. 제즈와 팀의 임무는 이 제품을 사용할 때 인지되는 노력의 양을 늘리는 것이었다.

양동이의 변신

브리핑에서 제시된 엄격한 제약에도 불구하고 바꿀 수 있는 것이 하나 있었다. 바로 양동이였다. 양동이에 기술을 더하면 세탁 과정에서 인지되는 노력의 양을 늘릴 수 있을 테고, 따라서 사람들에게 이 제품이 단 한 번의 헹굼만으로도 효과적이라는 사실을 납득시킬 것이었다.

기술적 양동이와 관련해 눈금 표시와 수도꼭지, 옆면의 물결무늬 등 몇 가지 주요 특징을 담은 아이디어가 나왔다. 눈금 표시에 맞춰 양동이에 물을 붓고 넘치는 물은 수도꼭지로 흘려보내 물 양을 정확히 조절해서 제품의 효과를 극대화한다. 이런 정밀성으로 제품의

과학적 세탁 방식을 알리면서 인지되는 효과를 높이는 것이다.

물결무늬 기술이라 불리는 양동이 벽면의 무늬는 헹굴 때 옷이 오톨도톨한 옆면에 부딪히게 하여 제품이 더 열심히 작동한다는 인상을 심어준다. 종합해보면 새로운 양동이의 이 세 가지 특징 덕분에 섬유유연 과정이 단 한 번의 헹굼으로 끝나서 물 사용량과 노동량은 줄지만 노력은 더 많이 들어가는 것처럼 보인다.

낡고 오래된 금속 양동이는 행사 기간에 가져오면 반짝이는 새 양동이로 무료로 바꿔줄 계획이었다. 이렇게 해서 예전 행동을 떠올리게 하는 환경적 단서인 오래된 양동이를 처분하는 것이다. 새 양동이는 한정판 선물로 인식되어 제품의 희소성과 가치도 높인다.

양동이 제작

이제 양동이 디자인의 스케치에 들어갈 단계였는데 광고 대행사는 물론 의뢰 업체도 양동이를 제작한 경험이 전혀 없었다. 다들 책상 앞에 앉아 광고만 잘 만들었지 그 밖의 것에 대해서는 아는 게 없었다.

순진한 낙관론에 빠진 그들은 제품 디자인 업체에 견적을 의뢰했다. 듣자하니 양동이를 제작하는 유일한 방법은 중국에서 대량 생산하는 것인데, 그러려면 금속 거푸집이 필요했고 비용 효율을 높이기 위해 최소 생산량도 높게 잡아야 했다. 시험판으로 양동이 30개를 제작하려면 한 양동이 당 1만 5천 파운드가 들어갔다. 이것은 누가 봐도 고도로 기술적인 양동이였고 수도꼭지가 달려 있다는 점도 상당히 독특했지만 이런 식으로 아이디어를 시험하기에는 비용이 너무 많이 들었다.

대량 생산을 할 형편이 안 된다면 맞춤형은 어떨까? 첫 회의에서는 기존의 양동이에 수도꼭지를 달고 물결무늬와 눈금을 그려 넣는 것이 가능하리라는 결론이 나왔다. 하지만 제품을 고급스럽게 만들려면 양동이 하나당 5천 파운드는 필요했다. 좋아 보이지 않는 것은 제작해봐야 아무 소용이 없었다. 양동이 교환 행사는 사람들이 기존의 금속 용기를 개선된 양동이로 기분 좋게 바꿀 수 있을 때에만 효과가 있었다.

아이디어가 현실이 되려면

• • •

언제나 그렇듯 기회를 부여잡을 시간이 제한되어 있었다. 세탁 방식을 바꿀 강력한 아이디어를 창안한 뒤 제작 과정에서 장애물을 맞닥뜨렸다는 것은 곧 의뢰인과 일할 몇 달이라는 제한된 기간 안에 아이디어를 실행할 수 없다는 뜻이었다. 워크숍은 성공적이었고 행동 문제에 대한 분석은 통찰력이 있었으며 흥미진진한 아이디어는 모든 사람의 믿음을 얻었지만 잃어버린 고리가 있었다. 양동이 몇 개를 가득 채우고도 남을 만큼 현금이 두둑하지 않는 한, 양동이를 만들 수 있는 사람이 아무도 없다는 것이었다.

행동 접근법에서 해결책이란 말하는 것부터 포스터, 작업 방식, 앱, 재설계, 양동이까지 무엇이든 해당될 수 있다. 하지만 아무리 번뜩이는 해결책이 있다고 해도 그 아이디어를 현실화할 인력이 없으면 아무 소용이 없다. 안타깝지만 결국은 빛을 보지 못한 여느 위대한 아이디어들이 그랬듯 컴포트 원 린스 양동이 프로젝트는 파워포인트 밖으로 나오지 못하고 영원히 제즈와 댄의 머릿속에 갇히고 말았다.

하우투넛지 ▏ 아이디어를 실행할 생태계를 구축하는 방법

아이디어는 그에 걸맞은 집단이 없으면 결코 실현될 수 없다. 행동과학을 현실에 적용할 때에는 적합한 사람들과 이어지는 것이 성공의 핵심이다. 아이디어의 생존 확률을 최대로 끌어올리려면 생각뿐만 아니라 행동할 수 있는 사람들과 관계를 맺어야 한다. 당신의 아이디어를 실행할 사람들과 생태계를 구축하고 당신이 생각한 개입의 맥락을 진정으로 이해하는 사람들의 관점에 기대라.

16 행동하는 사람들과 관계를 맺어라
3장에서는 생각하기 전에 행동하는 것의 장점에 대해, 행동부터 하고 생각은 나중에 하는 것의 이점에 대해 이야기했다. 마찬가지로 생각 방법론과 함께 행동 방법론을 확립하는 것이 좋다. 컴포트양동이에 대한 아이디어는 견실했지만 양동이를 실제로 만들 능력이 없는 한 아이디어는 휴지 조각에 불과했다.

흥미로운 인물들과 무작위로 만나면서 제작하고 행동하는 사람들과 연을 맺어라. 그 당시에는 왜 그래야 하는지 납득이 안 가겠지만 이런 인연이 언제, 어떻게 도움이 될지 누구도 모르는 일이다. 언젠가 그들은 당신의 아이디어가 결실을 맺도록 귀중한 도움을 줄 것이다. 다양한 사람들과 인맥을 쌓아라. 그러면 우리가 2장에서 열띠게 이야기했던 우연한 충돌이 눈부신 빛을 발할 것이다.

17 관계의 생태계를 구축하라

행동 개입은 대부분 아주 간단해서 편지의 어구만 조금 바꾸는 것이 될 수도 있다. 하지만 물리적인 제품 디자인이 필요한 사람들은 제품 출시에 관한 정보를 얻을 수 있는 관계의 생태계를 갖추는 것이 중요하다. 아무리 유별난 인물이라 해도 당신의 아이디어를 실현해줄 사람을 찾아라.

가령 팹랩FabLab은 드럼 세트부터 자전거 조명, 로봇, 수력 터빈에 이르기까지 거의 모든 것을 만들 수 있는 발명가들의 세계적인 네트워크다. 아니면 랩포하이어Lab For Hire에서는 제품이나 서비스를 디자인하는 제작자와 혁신가의 다양한 네트워크를 만날 수 있다.

필요해질 때까지 기다리지 말고 미리미리 이런 단체와 관계를 맺어라. 아이디어가 생기면 이렇게 전에 맺은 관계에서 도움을 받아 정해진 시간 안에 아이디어를 실현할 수 있다.

18 구체적 맥락에서 특성을 파악하라

행동은 맥락과 떼려야 뗄 수 없이 연결되어 있다. 따라서 대상의 특성을 파악하는 것이 중요하다. 이때 자신의 경험과 관점에만 의존하기보다는 믿을 만한 소식통에서 관련 맥락에 대해 직접 전해 듣는 것이 좋다.

14장에서는 제즈가 칠레의 돼지 도살장 근무자들의 손 씻는 습관을 바꾸기 위해 칠레를 직접 찾아가 시간을 보내면서 그곳의 특성을 파악하는 과정을 살펴볼 것이다. 가능하다면 관련 맥락을 직접 경험하는 것이 가장 좋다. 컴포트 섬유유연제와 같은 사례에서는 행동과학 전문가들을 태국으로 보내 상황을 면밀히 조사하는 것이 가장 이상적이었다. 하지만 상황이 여의치 않기에 차선책으로 태국 현지인을 불러 해당 문제에 대한 그들의 관점과 평소 태국인들의 세탁 방식을 직접 들었다. 이런 관점을 접해야 적절한 행동 해법을 고안할 수 있다. 해당 지역의 특성을 파악하는 게 중요한 것도 바로 이 때문이다.

Chapter 7

넛지
다이어트

채소가 가득 담긴 도시락을 꺼내자 제즈와 에이프릴의 런던 사무실에서 감탄이 터져나왔다.

"보기만 해도 건강해지겠는데요. 정말 멋지십니다!"

그런데 멕시코에서는 전혀 다른 반응을 접하게 된다. 이곳에서는 누군가 채소나 샐러드, 과일을 먹고 있으면 보나마나 그가 병에 걸린 것이라고 확신한다. 멕시코 사람들은 몸이 안 좋을 때에야 비로소 채소를 좀 더 먹어보려 애쓴다. 건강해 보이는 사람이 채소를 먹고 있으면 가족들은 의아해하며 물을 것이다.

"너 무슨 문제 있니? 왜 풀떼기를 먹고 있어?"

건강한 음식을 먹는 것이 허약함의 신호로 받아들여지는 문화이다 보니 멕시코의 비만은 놀랄 것도 없이 지구상에서 가장 중요한 문제 중 하나가 됐다.

조사 결과 2014년에 멕시코인의 70퍼센트가 비만으로 드러났다. 전 세계의 비만 인구가 32퍼센트라는 점을 감안하면 가장 높은 비율이다.[25] 전 세계 보건 당국에서도 이 문제의 심각성을 깊이 인지하고 있지만 정작 멕시코 사람들에게는 잘 와닿지 않는 듯하다. 일부 보고에 따르면 생후 6개월 미만의 신생아 중 10퍼센트가 콜라 같은 탄산음료를 마시며[26] 이 비율은 두 살이 되면 80퍼센트까지 높아진다.

이처럼 비만에 대한 멕시코인의 인식이 부족하다는 것은 다시 말해 비만과 싸우려면 자기 인식과 일상 습관이 대대적으로 바뀌어야 한다는 뜻이다. 멕시코 전역에 걸친 비만 문제는 올바른 방향으로 이끄는 작은 넛지만으로 해결될 일이 아니었다. 가게 셔터에 그래피티를 그려 넣는다고, 양동이에 물결무늬를 덧댄다고, 심카드를 묶음으로 판매한다고 해서 해결될 문제가 아니었다.

작은 변화가 행동에 얼마나 엄청난 영향을 미칠지는 넛지의 여러 사례를 통해 알 수 있지만 행동의 대대적인 변화를 단행해야 하는 문제에서는 다른 형태의 접근법이 필요하다. 멕시코 전역의 습관을 바꾸려면 다방면에 걸친 아이디어와 그 아이디어를 실행할 영향력 있는 팀이 필요하다. 더불어 충분한 자원과 후원, 기술도 뒷받침돼야 한다. 이런 영향력이 충분히 갖춰진다면 진정 유일무이한 일이 일어날 수 있다.

네슬레, 비만 문제에 앞장서다

• • •

세계적인 식품회사 네슬레가 설립된 목적은 부모가 건강한 아이를 키울 수 있도록 돕기 위함이었다. 2014년에 네슬레는 창립 150주년을 기념할 방법을 찾고 있었는데, 사실 식품회사는 전 세계적인 비만 문제를 야기한 한 원인으로 비칠 가능성이 더 컸다. 그런 그들이 비만 문제 해결에 앞장선다면 어떻게 될까? 식품 브랜드로서 네슬레는 다시 한번 가정의 건강한 삶을 지지하는 것을 임무로 삼고자 했다. 그렇게 해서 '건강한 아이들을 위한 연합United for Healthier Kids'이 탄생했다.

이 운동이 활기를 띠게 된 것은 학계의 충격적인 판단 때문이었다. 광범위한 개입을 통해 비만 문제를 해결하지 않으면 지금의 아이들은 부모보다 평균 수명이 더 짧아지는 최초의 세대가 되리라는 연구 결과가 나온 것이다.[27] 물론 이 문제는 식품회사나 정부, 소매업체 한 곳이 홀로 해결할 종류가 아니었다. 그보다는 아이들의 식습관에 영향을 미치는 부모부터 선생님, 영양사, 정부, 소매업체와 브랜드에 이르기까지 모두의 협력이 필요했다.

그렇게 네슬레는 멕시코인의 행동 개선 프로젝트에 돌입했다. 그들은 멕시코 가정이 더 건강한 음식을 먹고 아이들에게 건강한 습관을 물려주어 다음 세대가 부모보다 평균 수명이 짧아지는 일이 없도록 보호하고자 했다.

체중 감량을 위한 다섯 단계

• • •

멕시코 가정의 더 건강한 삶을 돕기 위한 캠페인은 샹젤리제 한복판에 있는 오길비 파리가 주도했다. 담당 팀을 이끄는 브누아 드플뢰리앙과 폴린 데포르주는 제즈의 기대에 충분히 부합하고도 남는 전형적인 프랑스인이었다. 그들은 치열하고 열정적이면서 때로는 어수선했고 언제나 독창적이었다.

제즈와 댄은 행동 변화 전문가로 합류하면서 행동 변화의 범이론적 모델transtheoretical model을 사용해 문제에 접근했다.[28] 이 모델은 건강에 해로운 행동에서 건강한 행동으로 변화할 때 거치는 다섯 단계를 제시한다. 예를 들어 체중 감량 행동으로 변화하는 다섯 단계는 다음과 같다.

- 계획 전Precontemplation : 체중 문제와 좋지 않은 생활 습관을 인식하지 못한다.
- 계획Contemplation : 체중 문제를 인식하고 변화할 필요성을 인지한다.

- 준비Preparation : 체중 감량을 위해 생활 방식을 바꾸고자 한다.
- 행동Action : 운동량을 늘리고 더 건강한 음식을 먹는다.
- 유지Maintenance : 새로 익힌 건강한 습관과 감량한 체중을 유지
  하기 위해 노력한다.

이 모델은 멕시코인들이 행동 변화의 과정에서 현재 어느 단계에 와 있는지 파악해 다음 단계로 나아가는 전략을 세우고 비만 문제 해결에 필요한 개입 유형을 파악하기 위해 사용됐다.

비만 인구가 많다는 것은 멕시코인들이 이 문제를 제대로 인식 하지 않는다는 뜻이므로 그들은 현재 계획 전 단계에 머무른다고 할 수 있다. 그렇다면 대중이 시스템 전반의 문제를 인식하게 하는 자극이 필요했다. 소규모로 가해진 일부 넛지와 달리 이번 아이디 어는 수백만 명의 멕시코인에게 노출되어 그들의 삶에 영향을 미 쳐야 했다.

TV 프로그램 기획

• • •

멕시코 가정이 문제를 인식하고 변화할 필요를 느끼도록 쌍방 향 TV 프로그램을 만들자는 아이디어가 탄생했다. 〈아름다운 희망

Hermosa Esperanza〉은 더 건강하게 생활하면서 체중을 줄이고자 하는 다섯 가족의 일상을 따라간다. 시청자들은 매주 이 가족들이 각기 다른 영양상의 문제를 해결하고 더 건강한 습관을 기르기 위한 그들만의 아이디어를 온라인 플랫폼에 올리는 모습을 보게 될 것이었다.

아이디어가 추진력을 얻으려면 멕시코 방송가의 중역을 끌어들여야 했다. 브누아는 멕시코 최대 방송사의 연출가에게 접근했다. 가브리엘은 카리스마 있고 애국심 넘치는 중년의 멕시코인이었다. 이 아이디어를 마음에 들어 한 가브리엘은 프로그램을 만들기 위해 TV 방송국을 자극했다. 진행을 맡은 멕시코의 TV 스타 두 명은 멕시코인들이 범이론적 모델의 계획 전 단계에서 계획 단계로 옮겨가도록 도울 것이었다.

이 프로그램이 행동과학을 근간으로 한다는 사실을 확실히 하기 위해 제즈와 댄은 TV 제작자들을 대상으로 교육을 진행해 사람들이 새로운 행동을 채택하기 힘들어 하는 이유를 알렸다. 제작자들에게 행동과학의 기본 지식을 전달한 뒤에는 체중 감량에 방해가 되는 편향과 휴리스틱에 대해 설명했다. 예를 들어 주변에 비만인 사람이 많으면 살이 찌기가 훨씬 쉽다. 자신과 가까운 사회집단의 규범으로부터 영향을 받기 때문이다. 이렇게 TV 제작자들이 행동과학 지식을 갖추면 TV 프로그램에서 행동 개선의 효과를 극대할 수 있다.

양을 조절해주는 그릇

• • •

멕시코 가정이 행동 단계에 접어들었을 때 더 나은 생활 방식을 선택하게 하려면 어떤 도움을 줘야 할까? 행동과학 및 영양학 전문가와 제작진이 한데 모여 사람들이 건강에 해로운 행동을 극복할 수 있도록 돕는 일련의 제품을 고안했다.

영양학자들은 기본적인 1인분의 양이 너무 많다는 사실을 파악했다. 멕시코 부모들은 심지어 6개월에서 12개월밖에 안 된 아이들에게도 어른이 먹는 음식을 똑같이 먹인다. 아이들은 부모가 먹는 음식을 똑같이 먹고, 때로는 먹는 양도 어른 못지않다.

행동과학자들은 그릇의 크기가 먹는 양을 결정한다는 사실을 알고 있다.[29] 그릇이 클수록 더 많이 먹게 되는 것이다.[30] 지난 20세기에 걸쳐 그릇의 크기는 점점 커졌다. 무한히 발전하는 조리법과 점점 늘어나는 1인분의 양이 이를 반영한다. 그릇의 크기와 조리법은 기본적인 1인분의 양을 설정하는 데 강력한 영향을 미친다. 따라서 기본 1인분의 양을 줄이는 방법은 간단하다. 더 작은 그릇을 쓰면 된다. 이렇게 해서 성장 그릇에 대한 아이디어가 탄생했다. 성장 그릇은 자녀가 성장하면서 점차 늘어나는 1인분의 양을 원 모양으로 그려 넣어 성장 단계에 알맞은 양을 알려준다.

이야기하는 그릇

• • •

　영양학자들은 아이들이 채소를 먹지 않으려 한다는 사실을 알고 있다. 한편 행동과학자들은 사람들이 다른 대상에 마음이 쏠려 있으면 음식을 아무 생각 없이 먹는다는 사실을 알고 있다. TV 앞에 앉아 심심한 입을 달래려 짭조름하거나 달달한 탄수화물 과자에 손을 뻗는 모습은 누구나 익숙할 것이다. 온 신경을 TV에 집중한 채 아무 생각 없이, 자신이 얼마나 많이 먹고 있는지도 인식하지 못한 채 먹는 것이다. 이렇게 생각 없이 먹는 습관을 긍정적으로 활용해 아이들이 채소를 먹게 하는 방법은 없을까?

　그렇게 해서 아이들이 채소를 먹는 동안 주의를 분산시키는 3차원 이야기 그릇이 고안됐다. 하늘색으로 만들어진 그릇에서는 꽃양배추가 구름처럼 보인다. 화산이 그려진 녹색 그릇에 놓인 작은 브로콜리 나무가 저녁식사 시간에 이야기를 만들어낸다. 또한 녹색 그릇에 녹색 채소를 위장하듯 올려놓으면 아이들은 별다른 거부감 없이 채소를 먹는다. 채소와 그릇이 분간이 안 될수록 채소가 더욱 눈에 띄지 않기 때문에 아이들은 채소를 먹는다는 사실을 잘 인식하지 못한다. 부모는 아이들이 채소를 먹는 동안 그릇에 담긴 이야기를 주고받으면서 주의를 돌릴 수 있다.

팔씨름용 주스기

• • •

앞서 언급했다시피 멕시코 문화에서는 과일과 채소를 먹는 것을 허약함의 표시로 여긴다. 당신이 샐러드를 먹고 있으면 사람들은 당신이 병에 걸린 뒤에 기력을 되찾으려 한다고 생각한다. 그럼 과일과 채소가 남자다운 음식으로 느껴지려면 어떻게 해야 할까?

그렇게 해서 팔씨름용 과일 주스기가 만들어졌다. 주스기는 멕시코에서 가장 유명한 WWE 레슬러 선수의 팔을 본떠서 만들었다. 이제 멕시코의 아빠와 삼촌들에게 과일은 아플 때만 먹는 것이 아니라 멕시코에서 가장 강한 남자와 싸워야 얻을 수 있는 비타민이 됐다. 이로써 남자들이 건강한 음식을 준비해 먹는 것이 사회적으로 용인되는 새로운 규범이 만들어졌다.

결정적으로 주스기는 커야 했다. 주전자와 토스터처럼 매일 써야 하는 주방가전은 주방에서 한 자리를 계속 차지하는 반면, 다른 기기들은 대부분 그 새로움의 빛이 바래는 대로 창고로 밀려난다. 물건도 눈에서 멀어지면 마음에서 멀어지고, 결국 다시는 쓰지 않게 되는 법이다. 이를 감안해 주스기는 찬장에 들어가지 못할 정도로 큼직하게 디자인해서 어쩔 수 없이 싱크대 밖에 나와 있게 했고, 그렇게 시각적 자극을 주어 과일을 더 많이 먹도록 했다.

그 외에도 건강한 행동을 촉진하기 위한 제품이 고안됐다. 물을 더 많이 마시게 하는 '사람 맞히기' 게임, 지방을 흔들어 없애는 마라카스(라틴아메리카 음악에서 쓰는 리듬 악기), 손목에 차고 많이 운동할수록 쑥쑥 자라는 디지털 애완동물 등이 그 예다.

6장에서 컴포트 양동이 아이디어가 제품 제작 단계에서 무산된 것과 달리 이번 프로젝트는 시제품을 만들 준비가 된 혁신적인 제품 디자인 대행사와 연이 닿았다. 행동과학에 뿌리를 둔 독창적인 아이디어를 알아보고 이를 실제 제품으로 만들 수 있는 파트너의 도움으로 TV 쇼에서 쓸 시제품이 만들어졌다. 〈아름다운 희망〉 방송에서는 매주 출연 가족들이 비만과 싸워 이기도록 돕는 새로운 제품이 소개됐다.

전 국민 프로젝트로

● ● ●

TV 쇼에 등장하는 가족들의 행동을 바꾸는 것만으로는 부족했다. 멕시코 전역의 가정이 스스로 행동에 옮겨 더 건강한 생활을 누릴 수 있도록 동기를 부여해야 했다. 시청자들은 방송에서 소개된 제품의 정보를 온라인에서 얻고 건강한 삶을 유지하는 자신만의 아이디어를 소셜미디어에 게재해 전국적인 행동 변화 운동에 동참할 수 있었다.

〈아름다운 희망〉은 라틴아메리카 최대의 방송사를 통해 방영되어 3천만 명의 시청자를 사로잡았다. 멕시코 TV 시상식에서 최고의 쇼 부문 후보에 올랐고 멕시코의 보건부 장관은 물론 여러 유명인사의 지지를 얻었다. 3백만 명 이상이 온라인 플랫폼에 참여했고 미셸 오바마가 이끈 아동 비만 퇴치 캠페인, '함께 움직입시다Let's Move'보다 소셜미디어에서 두 배 더 많은 지지를 얻었다. 멕시코 전역의 행동 변화를 추진하여 네슬레를 비만 문제의 해결에 앞장서는 기업으로 변모시키겠다는 장기적 목표에 성큼 다가가게 한 중요한 첫걸음이었다.

네슬레는 이제 '건강한 아이들을 위한 네슬레'라 이름 붙이고 행동과학의 지식을 적용해서 아이들의 더 건강한 생활을 돕는 방법들을 온라인으로 제공한다. 여기서 소비자들은 아이의 연령에 맞는 식사량이 그려진 식탁 매트를 다운로드해서 인쇄할 수 있다. 또한 동그란 얼굴 모양을 인쇄한 뒤 오려서 물컵 밑에 붙이고 '사람 맞히기' 게임을 할 수 있으며, TV를 보면서 더 많이 움직이게 하는 게임을 찾아볼 수도 있다.

하우투 넛지 **대대적인 행동 변화를 위한 전략**

행동을 대대적으로 변화시키는 것은 복잡한 일이다. 이를 달성하기 위해서는 큰 아이디어를 작은 아이디어와 결합하고 각기 분리된 개입을 적절한 행동 모델과 엮어야 한다.

19 크게 생각하라

넛지 아이디어를 고안할 때에는 한 개인의 행동을 바꾸는 등으로 작게 생각해서 아이디어를 떠올려도 아무 문제가 없다. 결국 행동 과학의 묘미는 작은 개입으로 행동에 큰 영향을 미친다는 점에 있으니까. 다만 거대하고 다면적인 문제를 해결하려 할 때, 가령 나라 전체에 퍼진 비만 문제를 해결하려 할 때에는 다른 접근법이 필요하다. 이런 경우에는 더없이 크게 생각할 수밖에 없다. 멕시코의 비만 문제를 해결하려 할 때 TV 프로그램 방영은 거대한 아이디어였다. 〈아름다운 희망〉은 전 국민의 행동을 개선하기 위한 한 방법이 었지만 독자적인 TV 프로그램만으로는 문제를 해결하기에 역부족이었다.

20 작게 생각하라

TV 쇼는 멕시코 전역의 대대적인 행동 변화를 이끌기 위한 정서적 자극이 됐지만 여기에 개인의 행동 변화를 촉발하는 작은 개입을 더하는 것이 중요했다. 동심원이 그려진 그릇이나 팔씨름용 주스기 같은 작은 개입은 개인과 가족의 행동을 바꾸기 위해 필요했다. 이처럼 작게 생각하여 구체적인 맥락에 관여함으로써 사람들에게 개인의 행동을 구체적으로 개선할 실용적인 도구를 제시하는 것이 중요하다.

21 크고 작은 아이디어를 행동 모델과 한데 엮어라

대규모의 행동 변화를 위한 개입을 고안할 때에는 언제든 다양하고 유동적인 부분이 드러나기 마련이다. 비만처럼 복잡한 문제를 다룰 때에는 크고 작은 개입을 결합해야 한다. 문제와 연관된 행동 모델을 파악하면 문제를 진단하고 변화를 위해 필요한 것들을 헤아리며 다면적 개입 방법을 세우고 그 발전 과정을 추적하는 데 도움이 될 것이다.

범이론적 모델은 행동 변화의 과정을 그리기 위해 개발된 것인 만큼 비만 문제를 다루는 데에 최적화되어 있다. 건강하지 않은 행동을 바꾸거나 건강한 행동을 채택하도록 도울 때 유용한 이 모델은 사실 관계를 엮어 행동과학을 적용하는 데 사용됐다. 이를 통해 멕시코인들의 현재 단계를 파악하고 행동 개입 시 어디에 초점을 맞춰야 할지 우선순위를 정할 수 있었으며, 개입을 단계별로 분류할 수 있었다. TV 쇼는 계획 전 단계와 계획 단계에서 기능했고 제품은 행동 단계에서 제 역할을 다 했다. 소셜미디어 참여는 준비와 행동, 유지 단계에 걸쳐서 제 몫을 했다.

Chapter 8

비즈니스 넛지의
여덟 단계

이쯤이면 누구나 비즈니스에서 소규모로 넛지를 시도할 수 있다고 자신할 것이다. 당신이 시도하는 넛지는 상호주의 원칙을 활용해 이메일에서 요청안을 재구성하는 것일 수도 있다. 웹사이트의 '지금 당장 구매하세요!' 버튼에 현재 중시 편향present bias을 결합해 더 많은 사람의 클릭을 유도하는 것일 수도 있고, 아니면 전화선 너머에 있는 고객의 믿음을 사기 위해 자신의 능력과 지식을 대화에 매끄럽게 짜 넣어 권위를 높이는 것일 수도 있다.

모두 감탄할 만한 첫 단계지만 행동과학의 혜택을 남김없이 누리기 위해서는 행동과학의 원리를 처음부터 끝까지 반영해야 한다. 급진적으로 보이는 접근법을 채택하려 할 때에는 조직의 신임을 어떻게 얻을 것인가? 행동과학이 생소하기만 한 기업에서는 무턱대고 뛰어들 수는 없는 노릇이다. 행동과학을 대규모로 적용하기 위해서는 '프루핑 사다리proofing ladder'를 차근차근 올라가야 한다. 소규모 시험 운영부터 시작해 사다리를 한 칸씩 올라가다 보면 조직에서 점차 믿음을 얻게 될 것이고, 결국 행동과학이 비즈니스에서 필수가 되는 단계에까지 이를 것이다.

프루핑 사다리를 오르는 법

• • •

제즈는 10년 넘게 전 세계 고객들이 이런 단계를 밟을 수 있도록 도우면서 사다리를 오르는 사람에게 도움이 될 연상법을 개발했다. 사다리 여덟 개의 단을 PROOFING의 여덟 글자와 부합시킨 것이다.

먼저 시험 운영Pilot을 해보면 인정Recognition을 받게 되고, 이로써 행동과학을 운영화Operationalize할 수 있다. 리더들의 주목을 받기 시작하면 조직Organization 내 여러 분야에 이를 소개할 수 있고, 이후 행동과학을 미래Future의 업무에 반영할 수 있다. 이 단계에서 조직 내부In-house의 역량을 키워 조직에 적용된 행동과학을 표준화Normalize하고 궁극적으로 성장Growth을 도모하는 것이다.

프루핑 사다리를 한 칸씩 오를 때 최종 목표는 조직에서 행동과학을 대규모로 활용하는 것이다. 이 과정은 몇 년이 걸릴 수도 있다.

제즈 역시 세계 최대의 생명보험 및 연금기업인 에이곤~Aegon~의 조직 전반에 행동과학을 적용하기까지 수년이 걸렸다.

새로운 아이디어 테스트 _ 시험 운영

● ● ●

고위급 이해관계자들은 언제나 사업을 이끌어갈 혁신적인 아이디어를 찾아나서지만 한편으로는 명성에 해를 입을 수도 있다는 사실 때문에 새로운 시도를 주저한다. 큰돈을 들인 새 프로그램이 바람과 달리 별 효과를 내지 않으면 그들의 평판이 훼손될 수 있기 때문이다.

이를 피하기 위해 새로운 아이디어를 시험 운영하여 행동과학이 효과가 있다는 믿음을 모든 이에게 심어줘라. 이런 시험 운영은 소규모로 진행하면 설사 실패하더라도 당신 자신과 조직의 명성에 최소한의 피해만 입힐 것이다. 시험 운영을 대규모로 진행하여 성공한다면 행동과학은 조직 내 다른 분야에서도 인정받아 진지하게 받아들여질 수 있다.

2016년에 에이곤은 '은퇴 준비~Retireready~'라 이름 붙인 새로운 디지털 연금 플랫폼에 막대한 투자를 했다. 이 플랫폼에서 고객은 자신의 연금 계좌를 확인하고 돈을 옮기거나 펀드를 전환할 수 있었다. 이 플랫폼을 사용해보려다가 좌절한 끝에 도움을 바라는 고객은 에이콘의 고객 센터에 전화할 수도 있었다. 하지만 이 단계에서 에이콘은 복잡한 응대 방식 때문에 고객을 사로잡지 못했다.

고객들이 일반적으로 하는 질문은 다양한 연금 계좌를 한 곳에 모으는 통합에 관한 것이었다. 이런 상황에 대한 에이콘의 고객 응대 대본을 예로 들면 다음과 같다.

통합을 원한다면 에이콘에서 가능한 방법은 다음 두 가지입니다. 하나는 기존의 계좌로 옮기는 것입니다. 그 방법이 가능한지 확인하기 위한 집행 전용 영역이 마련되어 있습니다. 담당 기관이 이 절차에 동의할 경우 관련 서류를 보내드립니다. 두 번째 방법은 은퇴 준비라 불리는 비자문 non-advised 서비스로, 온라인으로 자신의 자금 계획을 직접 관리하고자 하는 고객을 위해 고안된 개인연금 서비스입니다.

두 가지 방안에 대한 세부 정보가 담긴 이메일을 보내드리오니 필요한 정보를 확인해보시기 바랍니다. 현재 고객님의 에이콘 설계와 은퇴 준비 설계는 혜택과 비용 면에서 서로 다르니 고객님의 선택에 만족하는지 확인해보시기 바랍니다. 두 방법에 대해 더 궁금한 점이 있으면 알려주십시오. 확신이 서지 않는다면 투자 자문을 받아보는 것도 좋습니다.

이러한 응대를 들은 사람은 대부분 "두 번째 방법은…"이라는 말을 듣기 무섭게 전화를 끊을 것이다. 이 대본에는 "집행 전용 영역" 같은 끔찍한 말이 등장한다. 이 말을 들은 고객은 무의식적으로 자신이 목숨을 잃을지 모른다는 두려움을 느낀다. 더군다나 너무 많은 정보가 쏟아져서 인지 과부하cognitive overload에 걸린 나머지 지금 듣고 있는 말을 뇌가 제대로 처리하지 못하는 상태에 이를 우려가 있다. 이 긴 독백이 끝날 때쯤이면 전화를 건 고객은 무수한 정보에 압도되어 혼란만 느끼다가 결국 "투자 자문을 받아보"라는 말을 듣게 된다. 이 말이 마지막으로 들렸다는 것은 고객이 정말 자문을 받아야 할지 고민하게 되리라는 뜻이다. 역설적이게도 에이곤의 직원들은 홍보에 그렇게 열을 올려놓고는 결국 고객이 은퇴 준비 상품에 가입하는 것을 무심결에 만류하고 있었다.

이 문제를 해결하고자 제즈의 팀은 행동과학을 활용해 안내문을 다시 작성했다.

연금 계좌를 한 곳으로 통합하고자 하는 고객님께 가능한 선택지는 세 가지가 있습니다.
첫째, 자신에게 알맞은 선택지가 무엇인지 확신하지 못할 경우 투자 자문을 받아볼 수 있습니다.

둘째, 다른 연금 계좌를 기존의 에이곤 연금 계좌로 이전하는 방법으로, 이 경우 계좌를 통합하기 위해 수표 및 관련 서류가 필요합니다.

셋째, 다른 연금 계좌와 기존의 에이곤 연금 계좌 모두 은퇴 준비라는 새로운 서비스로 이전하는 방법이 있습니다. 이 방법을 택하면 온라인으로 계좌 잔액을 파악하여 저축액을 확인하고 원할 때마다 저축을 할 수 있습니다.

이 안내문이 더 나은 것은 무엇 때문일까? 구분하기 쉬운 세 단계로 나뉘어 있기 때문에 고객이 각 절차를 더 쉽게 파악하고 기억할 수 있다. 투자 자문을 받는 선택지가 마지막에 나오지 않도록 순서도 바꿨다. 최근에 들은 것을 기억하기가 가장 쉽다는 사실을 감안하여 세 선택지의 순서를 임의로 선정해서 에이곤의 고객들이 선택 설계로 인해 특정 선택지에 부당한 선입견을 갖지 않도록 했다. 마지막으로 이렇게 선택지의 순서를 재설정함으로써 에이곤의 직원들은 다시금 권한을 부여받고 고객들의 신뢰를 얻었다.

이 시험 운영을 수행하기까지 지바 고더드의 공이 컸다. 코리의 쾌활한 핵심 컨설팅 책임지인 그는 에이곤 팀이 새로운 대본을 통해 잠재력을 최대한 활용하도록 이끌었다. 이렇게 바뀐 대본으로 5주간의 시험 운영을 마친 뒤에 에이곤의 고객순추천지수NPS는 15포인트 올랐고 계좌 통합은 68퍼센트, 운용 자산은 60.5퍼센트 증가했다. 에이곤에서의 시험 운영은 이처럼 명백하게 긍정적인 결과를 이끌어내면서 행동과학이 효과가 있다는 사실을 입증해 보였다.

위험을 감수할 가치가 있는가_인정

• • •

시험 운영을 실행하고 나면 인정을 받게 된다. 행동과학이 효과가 있다는 사실을, 위험을 감수할 가치가 있음을 인정받는 것이다. 사다리의 이번 단에 오르면 제대로 된 정보로 무장한 고위급 이해관계자들이 관여하게 되어 더 넓은 조직 내에서 행동과학의 효과를 인정받을 수 있다.

에이곤과 일하게 된 후 첫 4개월 동안 제즈는 행동과학이 에이곤의 고객에게 큰 도움이 될 뿐만 아니라 고객 경험을 개선하여 재정적 결과까지 이끌 수 있다는 사실을 입증했다. 처음 시행한 시험 운영에서 주목할 만한 결과를 얻지 못하면 사다리의 이 두 번째 단에 오르기 힘들다. 아이디어는 인정받을지 모르지만 응용행동과학의 사업 타당성을 인정받기는 힘들 것이다.

적극적으로 활용하고 투자하기_운영화

• • •

시험 운영 이후에 행동과학을 활용하려면 운영에 더 많은 투자를 해야 한다. 에이곤의 경우, 제즈의 팀은 규모가 더 큰 에이곤 고객 센터로 관심을 돌렸다. 300개의 팀에서 고객 서비스를 개선하고 직원 몰입도를 높이려면 행동과학을 어떻게 활용해야 할까? 에이곤은 주소 변경 같은 거래적인 전화를 관계적인 통화로 전환하고자 했고, 사별 등과 관련한 관계적 전화 통화가 더 인간적으로 느껴지기를 원했다.

예를 들어 자격은 충분히 갖췄지만 아직 미숙한 직원은 사망 같은 민감한 대화를 고객과 나누면서 적절한 언어를 쓰지 못하는 경우도 있다. 나쁜 의도는 아니지만 "사망 담당자가 지금 매우 바쁜 것 같네요"라는 말을 하는 직원도 있을 것이다. 이런 응대를 더 인간적으로 재구성하는 것이 중요하기 때문에 제즈의 팀은 에이곤 내부적으로 '사망 담당 팀'을 '사별 담당 팀'으로 바꿔 부를 것을 권했다.

이렇게 하나씩 개선해나가자 에이곤에서 실적이 가장 저조하던 고객 센터가 실적이 가장 좋은 곳으로 부상했다. 직원 몰입도는 47포인트 높아졌고 고객 이탈은 63퍼센트까지 감소했다.

영향력 있는 사람들의 지지 얻기_조직화

• • •

처음의 시험 운영 이후 행동과학을 운영화하고 나면 당신의 성공이 간부들 사이에서 회자되기 시작할 것이다. 고위 간부들 사이에서 행동과학의 엄청난 영향력에 대한 이야기가 오르내리면 당신은 조직 내에서 수직 이동하기 시작할 것이다. 이번 단계에서는 이런 고위 이해관계자들이 당신의 업적에 대해 이야기하도록 북돋는 것이 중요하다. 시험 운영을 비롯해 더 넓은 범위에 걸쳐 실행한 새로운 프로젝트가 성공하면 고위 이해관계자들은 행동과학이 고객은 물론 조직에 차별점이 될 수 있음을 인식하기 시작한다. 이렇게 조직 내에서 가장 영향력 있는 사람들의 지지를 등에 업고 행동과학은 다른 사업 분야로 이어질 수 있다.

2017년에는 에이곤에서 응용행동과학의 가치를 알아보는 사람이 드물었다. 운영부서에서의 성공을 발판 삼아 넘어야 할 다음 단계는 같은 원리가 다른 분야에도, 가령 에이곤이 고객에게 보내는 편지에도 적용될 수 있는지 증명하는 것이었다. 엉성하게 고안되거나 단어 선택이 잘못된 편지는 고객을 화나게 할 수도, 불만을 품게 할 수도 있다. 그렇다면 고객이 이해하기 쉬운 편지를 작성할 때에도 행동과학이 활용될 수 있다. 제즈의 팀은 분량은 많으면서 실적은 가장 저조한 편지를 개선했고, 결국 이 역시 행동과학의 가치를 드러내는 또 다른 영역임을 입증했다.

걸출한 결실을 연달아 맺으면서 에이곤은 상을 받기 시작했다. 2017년에 에이곤은 고객 담당 전문가들의 공동체인 더 포럼에서 혁신상을 받았다. 그 뒤 2018년에 유럽 고객 지원 센터 및 고객 서비스 어워드에서 최고의 학습 및 개발 프로그램상을 받았다. 이즈음부터 에이곤은 행동과학을 관계 차별화 전략으로 받아들이면서 고객 기업과 이야기할 때에도 행동과학을 활용하기 시작했다. 행동과학은 특별할 것 없는 일상적인 문제들을 해결하는 방편으로 널리 퍼지기 시작했고, 고객 유지 담당 부서의 수장인 알 린드Al Rhind는 미래 사업에 활용할 수 있는 행동과학의 가능성을 내다보았다.

무엇부터 구축할 것인가_미래 형태

• • •

여러 부서를 결합한 팀과 조직 전반에서 행동과학의 가치를 입증할 증거 사례를 수집하고 나면 행동과학을 조직의 전략적 결정 및 사업 제안에 반영할 단계에 이른다. 이제 행동과학의 기본 원리를 활용해 무언가를 근본부터 구축할 수 있게 된다.

2019년에 에이곤은 행동과학의 기본 원리를 활용해 새로운 사업 제안이나 제품, 서비스를 구축하는 방법에 대해 생각하기 시작했다. 코리의 행동 설계자인 엘라 모리슨Ella Morrison의 도움으로 에이곤은 개인 영상을 활용해 고객들이 자신의 연금에 대해 이해하고 더 나은 재정적 결정을 내릴 수 있도록 돕는 방법을 고심했다. 이 단계에서 에이곤은 단순히 유산 문제를 해결하는 것이 아니라 더 광범위한 조직 안에서 미래의 제품에 행동과학을 반영할 수 있다는 자신감을 얻었다.

행동과학 조직과 기업의 성장

• • •

조직 내부

사다리를 차근차근 밟고 올라온 뒤 마주하는 다음 단계는 행동과학의 역량을 조직 내부로 끌어들이는 것이다. 세계적 재보험사 스위스 리나 월마트, 스마트폰 앱으로 승객과 차량을 이어주는 우버와 국제 의료 및 보험 기업인 부파 등은 모두 행동과학을 조직 내부에 적용하고 관련 지식을 익히는 행동과학 부서를 거느리고 있다.

관련 맥락이 행동에 부인할 수 없는 영향을 미치는 프레임 의존성 frame dependence을 고려하여 이와 같은 내부 행동과학 부서는 자체 연구를 통해 조직 고유의 사업 환경을 성공적으로 넛지하는 법을 모색하고 있다. 앞으로 더 많은 조직이 컨설팅 전문 지식과 조직 내 역량을 결합한 혼합 모델을 채택하기 시작할 것이며, 수요가 증가함에 따라 최고 행동 책임자의 역할은 더 커질 것이다. 각종 지식을 섭렵한 보험사인 레모네이드와 댄 애리얼리의 결합이 그 전형적인 예다.

표준화

조직 내에 행동과학 전문가를 두고 모든 신입의 핵심 교육에 행동과학을 포함시키면 응용행동과학은 표준화되기 시작한다. 이 단계에서 행동과학은 전공자만이 적용할 수 있는 새로운 분야가 아니라 이메일 쓰는 법부터 컴퓨터 사용법, 규정을 준수하는 법에 이르기까지 다양한 업무 방식에 적용할 핵심 역량이 된다. 이 단계에서 조직의 일원은 행동과학의 원리를 내부는 물론 외부 업무에까지 적용할 수 있다. 지금까지 이 정도 수준에 이른 기업은 많지 않지만 2025년쯤이면 훨씬 많아질 것이다.

성장

이 단계까지 오른 조직은 그렇지 않은 조직에 비해 관계 및 명성, 수익의 성장 면에서 월등한 결과를 내기 시작할 것이다. 우리는 아직 이 단계에 오르지 못했지만 조직 역량으로서 행동과학은 디지털과 사회에서 비슷한 방식으로 확산하고 있다. 어느 쪽이든 행동과학을 대규모로 수용한 조직은 경쟁 조직에 비해 더 빨리 성장하면서 우위를 점한다는 사실은 의심할 필요가 없다.

22 첫 번째 증거 사례 확보를 우선순위로 삼아라

행동과학을 받아들이라는 권유를 처음 받으면 사람들은 이렇게 사소하고 비용도 많이 들지 않는 넛지로 과연 사업 성과가 크게 달라질까 미심쩍어 할 수 있다. 하지만 초기 시험 운영의 결과에서 통계적으로 유의미한 증거 사례를 마주하면 누구도 반박하기 힘들 것이다. 이렇게 첫 번째 증거 사례를 확보하는 것이 중요하다는 사실을 염두에 두고 테스트 앤 런 접근법을 채택할 준비를 해야 한다. 결과를 분석하기 위한 통계 검정을 선택할 때는 융통성을 발휘하라.

통계 기술이 없다면 실험에 적합한 통계 검정을 결정하는 데 도움이 될 도표를 찾아보는 것도 좋은 방법이다.

이런 증거 사례를 확보하고 나면 사다리를 계속 올라갈 자신이 생길 것이다. 동료들과 고위 관계자의 신임을 얻으면서 자신감도 생길 것이다.

23 한 번에 한 단씩 올라가라

시험 운영에서 설득력 있는 결과가 나와 흥분한 상태에서는 행동과학을 모든 곳에 적용하고 싶어질 것이다. 걷기도 전에 뛰고 싶은 마음은 굴뚝같겠지만 사다리를 한 번에 몇 칸씩 건너뛰지 않도록 조심하라. 행동과학을 적용하는 지속 가능한 문화를 만드는 것이 목표라면 더욱 그렇다.

왜 사다리를 건너뛰면 안 되는 것일까? 가령 시험 운영 단계에서 운영화 단계로 건너뛸 경우, 사람들에게 행동과학이 효과가 있다는 인정을 받지 못했기 때문에 운영화 단계에서 실패할 위험이 있다. 실험 결과에 대해 충분히 자신을 갖기 전에, 결과에 관한 이야기에 자신을 갖기 전에 냉큼 운영화 단계로 뛰어들면 동료의 신임을 잃을 수도 있다.

마찬가지로 행동과학이 다른 영역에 적용될 수 있다는 사실을 입증하지 않은 채 운영화 단계에서 미래 형태 단계로 건너뛸 수도 있다. 넛지가 다양한 맥락에서 효과가 있다는 사실을 먼저 입증하지 않으면 궁극적으로 아무 효과도 없는 넛지를 미래 사업 제안에 적용할 위험이 있다.

사다리를 한 단씩 체계적으로 오르면 행동과학을 조직 내에 대규모로 수용하는 강력한 방법을 구축할 수 있다.

24 사다리 꼭대기에 올라라

20세기 초반에 활동한 미국 연예인 에디 캔터Eddie Cantor를 모른다 해도 그가 한 말은 누구나 들어봤을 것이다.

"하루아침에 성공을 거두려면 20년이 걸린다."

각광받는 유명인사가 되려면 엄청난 노력이 필요하다는 뜻인데, 마찬가지로 사다리를 한 단 한 단 올라가려면 각고의 노력이 필요하다. 행동과학을 조직 전반에 적용하려면 무수한 시간과 인내가 필요하다. 하지만 마침내 사다리의 꼭대기에 오르고 나면 모든 보상을 받게 될 것이다. 행동과학이 대규모로 반영되어 조직의 성장에 도움이 될 때 당신은 무수한 경쟁자들 사이에서 단연 돋보일 것이다.

안내문
한 통만 바꿔도

런던 브리지 근처에는 천 년이 넘도록 사람들로 붐비는 버러 마켓이 있다. 런던 주민과 여행객이 뒤엉켜 모여드는 버러 마켓에서는 굴부터 느타리버섯, 크루아상, 케어필리 치즈까지 거의 모든 것을 구입할 수 있다. 런던에 처음 왔을 때 에이프릴은 이곳에서 빵을 판매하는 일을 했다. 한겨울에 동트기 전부터 나와 장갑 낀 손으로 가판대를 설치하고 그 위에 사워도우 빵과 포카치아, 도넛을 산처럼 쌓아 올렸다.

몇 달 뒤 에이프릴은 노련한 상인들에게서 몇 가지 요령을 익혔다. 사람들이 가판대에 시식용으로 진열된 진한 초콜릿 브라우니를 먹어보고 나면 무언가를 사간다는 사실을 알아차린 것이다. 사람들은 자신이 맛본 브라우니는 사지 않더라도 좀 더 저렴한 치즈나 탑처럼 쌓아 올려 눈에 확 띄는 올리브 브레드스틱을 구입했다.

되돌아보면 에이프릴은 시식용 음식을 제공함으로써 **상호주의** reciprocity를 활용하고 있었다.[31] 사람들은 시식 음식을 맛보고 나면 미안한 마음에 그 가판대에서 뭐라도 구입하려 한다. 상인들이 수천 년 전부터 이런 원리를 직감적으로 이용하고 있었다는 사실을 보면 행동과학이 우리의 생활에 얼마나 간편히 적용되는지 알 수 있다.

학계의 이론이 실용적이고 접근 가능한 도구로 전환되면 사실상 누구나 이런 원리를 자신의 조직에 적용할 수 있다. 코리를 설립할 때 제즈는 행동과학의 이론적 원리를 이런 실용적인 도구와 절차로 전환해 누구든 자신의 사업을 발전시키는 데 사용하도록 힘썼다.

제즈는 행동과학을 다룰 때 학술 연구의 엄숙함을 유지하면서 좀 더 일상어에 가까운 말로 소통하는 것이 가능하다고 굳게 믿었다. 학계의 고귀한 원리를 일반인이 알아듣기 쉬운 말과 일화적인 사례 연구로 전환하면 사람들은 '아하!' 하며 깨달음을 얻을 수 있고, 이런 행동 편향이 자신의 일상생활에도 존재함을 인지할 수 있다.

교육을 받으면 누구든 행동과학의 원리를 자신의 업무에 적용할 수 있다. 실생활과 맞닿아 있는 사례 연구와 접근 가능한 언어를 통해 이런 행동과학의 원리들이 어떻게 사업에 적용되어 업무 효과를 높이고 고객 만족도를 높이는지 입증할 수 있다. 이런 방식은 어느 비즈니스에나 적용된다. 심지어 형법 제도에서 만나는 사람들에게도 무리 없이 적용된다.

재범률을 낮춰라

• • • •

범죄를 저질러서 교도소에 가본 사람은 이후 또 다른 범죄를 저질러 교도소로 돌아갈 확률이 높다. 실제로 1년 미만의 징역을 산 사람 가운데 63퍼센트가 석방 후 1년 안에 다시 범죄를 저지른다고 한다.[32] 교도소 시스템이 범죄자 교화에 실패하고 있음을 드러내는 징후다. 보호관찰 중인 이들을 돕기 위한 조직 및 자선단체는 이런 사람들의 교화를 위해 '재범률 감소를 위한 협력'이라 알려진 공동 작업을 진행했다.

민간 부문 공급 회사인 인지어스Ingeus가 이 협력 서비스의 제공을 맡았다. 서비스 사용자로 알려진 전과자들은 재활 프로그램을 잘 따르고 담당 사례 관리자와의 약속을 잘 지켜서 공동체에 다시 성공적으로 진입하도록 인지어스 팀의 도움을 받는다. 이런 서비스 사용자들에게 더 나은 경험을 제공하여 재범률을 낮추고 교도소 재수감률도 대폭 낮추려면 행동과학을 어떻게 활용해야 할까?

인지어스에서 경험이 풍부한 중역 이안 깁슨은 행동과학을 반영하면 자사 직원과 서비스 사용자에게 제공하는 서비스의 가치가 높아질 것임을 알아보았다. 코리 팀이 넛지를 고안하는 동안 인지어스의 직원들도 스스로 넛지를 고안하도록 권한을 부여한다면 조직 내에 행동과학이 도입되면서 전반적인 경험이 변화하리라 내다본 것이다.

보호관찰의 세계를 파악하기 위해 코리 팀은 먼저 인지어스와 서비스 사용자 간의 전화 통화를 들어봤다. 다양한 대화를 듣고 나니 서비스 사용자를 두 유형으로 나눌 수 있었다. 하나는 자신의 범죄를 후회하고 바른 길로 돌아가기 위해 할 수 있는 모든 일을 하는 유순한 사람들이었다. 이들은 사례 관리자와 약속을 잡을 수 없을 경우 서비스 센터에 전화를 걸어 적극적으로 약속을 재조정한다.

그와 정반대되는 이들은 자신이 보호관찰 받는 사람임을 변하지 않는 정체성의 일부로 받아들이는 연쇄범이었다. 그들은 인지어스가 제공하는 유용한 서비스를 받으려 하지 않으면서 대화에 전투적으로 임했다. 코리 팀은 이런 경험을 근본부터 바꿀 수 있다고 확신했기에 안내문 및 대화를 재구성하여 인지어스의 직원 및 서비스 사용자의 경험을 개선하고자 했다.

참석율을 높이는 안내문

• • •

약속을 지키는 것은 보호관찰 명령의 엄격한 조건이었다. 그러나 이 약속을 전하는 안내문에서는 약속이 지켜지리라는 믿음을 찾아볼 수 없었다.

[이름]께

[프로그램명] 프로그램

귀하는 [프로그램명] 프로그램 참석을 조건으로 명령을 받았습니다. 프로그램 참석은 명령의 조건이기 때문에 반드시 참석해야 합니다.

귀하를 [날짜]일 [시간]시 [장소]으로 초대합니다. 프로그램은 [일수]일에 한 번씩 열릴 예정입니다.

참석하지 않을 경우 귀하는 감독 집행 유예 담당관에게 회부되어 명령 위반으로 법원에 다시 회부될 수 있습니다.

문제가 생기거나 참석 여부가 불확실하다면 프로그램 부서 [번호]로 직접 연락하기 바랍니다.

그럼 [날짜]일 [시간]시에 뵙겠습니다. 해당 프로그램이 귀하에게 유익하고 뜻깊은 도움이 되기를 바랍니다.

감사합니다.

프로그램 매니저 올림

이 안내문에서는 날짜 및 위치같이 약속에서 가장 중요한 세부 사항이 눈에 띄지 않는다. 게다가 이 안내문에는 서비스 사용자의 참석을 독려할 만한 문구가 어디에도 없다. 오히려 서비스 사용자를 "초대"한다는 말을 써서 프로그램 참석이 선택적인 것처럼 보이게

한다.

코리 팀은 행동과학의 원리를 활용하여 다음과 같이 안내문을 재구성했다.

[이름]께

당신의 더 나은 관계 구축을 위한 프로그램

귀하가 보호관찰 명령의 일부로 더 나은 관계 구축 프로그램에 등록되었음을 알려드립니다.

· **나의 다음 약속 일정** ·

[이름]의 약속:
[날짜 및 시간]
지금 메모하세요.

그동안의 노력이 수포로 돌아가 위반이나 소환 절차가 진행되는 위험에 처하지 않도록 이 프로그램에 참석하는 것이 중요합니다. 약속에 참석할 수 없거나 이 안내문과 관련해 문의 사항이 있을 경우 고객 지원 담당자에게 다음의 번호로 연락하면 기꺼이 도움을 드릴 것입니다.

고객 지원 담당: 0800 200 6565

(월~목 8:30am~6pm / 금 8:30am~5pm) 무료 전화

[날짜]일 [시간]시에 뵙기를 기대하겠습니다. 이후 프로그램은 [일수]일에 한 번씩 진행될 예정입니다. 이 프로그램이 귀하에게 유익하고 뜻깊은 도움이 되기를 바랍니다.

감사합니다.
프로그램 진행자 올림

새로운 안내문은 행동과학의 여러 원리를 활용해 서비스 사용자가 약속에 참석하도록 넛지했다. 서비스 사용자에게 자신이 프로그램에 이미 등록되어 있으며 이 약속에 참석하는 것이 기본 의무 사항임을 전달했다. "당신의 더 나은 관계 구축을 위한 프로그램"과 "나의 다음 약속 일정"같이 소유대명사를 써서 해당 계획에 대한 주인 의식을 고취하여 약속에 더 높은 가치를 부여하게 했다.[33]

약속의 세부 사항은 눈에 띄는 상자 안에 표기해 알아보기 쉽게 만들었으며 "지금 메모하세요"라고 촉구하여 약속에 참석할 의무를 부과했다. 마지막으로 안내문에는 "그동안의 노력이 수포로 돌아가 위반이나 소환 절차가 진행되는 위험에 처하지 않도록"처럼 약속에 참석해야 하는 이유를 설명했다. 요구 사항을 지켜야 할 이유를 전달받으면 이에 응할 가능성이 더 높다는 사실을 참고한 것이다.[34] 이런 넛지를 받으면 서비스 사용자가 명령의 조건을 준수하고 의무적인 약속에 참석할 가능성이 더 높아진다.

통화의 첫마디를 바꿔라

• • •

코리 팀은 안내문을 재설계할 뿐만 아니라 인지어스 서비스 센터의 첫 통화 고정률first-contact fix rates을 높이기 위해 대화 내용을 다시 작성했다. 즉 서비스 사용자가 필요한 것을 첫 번째 통화에서 모두 얻을 수 있도록 대화를 재구성한 것이다.

통화의 초반부는 전반적인 고객 경험을 결정하는 중요한 부분이다. 학술 문헌에서는 초두 효과라 알려져 있는데 행동과학에 대한 배경지식이 없는 사람도 이 개념을 직관적으로 이해할 수 있다. 쉽게 말해 흔히 첫인상이 중요하다는 말과 비슷하다. 이 말은 초두 효과를 제한적으로 설명하는 것이긴 하지만 이 정도만 이해해도 사업에 적용하기에는 충분하다.

코리 팀은 인지어스의 직원이 자신의 직책을 알리면서 통화를 시작하도록 권고했다. "안녕하세요, 저는 톰이라고 합니다. 무엇을 도와드릴까요?"라고 말하는 대신, "안녕하세요, 보호관찰 담당자 톰입니다. 고객님의 보안 세부 사항을 먼저 확인해도 될까요?"라고 말하며 대화를 시작하는 것이다. 직책을 명확히 전달해 권위를 세우면 서비스 사용자도 상대방을 신뢰하고 그들의 지침을 준수할 가능성이 높아진다.

마찬가지로 코리 팀은 통화를 끝내면서 마지막 인상을 긍정적으로 남길 것을 권고했다. 이는 최신 효과라고 알려져 있는데, 흔히 마지막으로 듣는 말이 끝까지 기억에 남아 전반적 고객 경험에 영향을 미친다는 의미를 담고 있다. 종종 "다른 도움이 필요하십니까?"라고 통화를 마무리하면 "아니요, 괜찮습니다"라는 공손한 답과 함께 대화를 부정적으로 끝마치게 된다. 이와 반대로 "오늘 통화에서 궁금하신 점이 모두 해결되었나요?"라고 물으면 "네, 감사합니다"라는 답이 돌아와서 통화를 긍정적으로 끝낼 가능성이 높다.

행동과학 교육 프로그램의 효과

• • •

코리 팀은 이런 개입을 설계하면서 더불어 인지어스 직원들이 행동과학을 스스로 적용할 수 있도록 전문가 수준의 교육을 진행했다. 다시 말해 인지어스에서 자체적으로 넛지에 대한 새로운 지식을 활용해 코리 팀과 함께 행동 해결책을 개선하게 된다는 뜻이었다.

때로 사람들은 새로운 교육 프로그램에 참석하라는 지시를 관리자에게 일방적으로 받으면 교육에 참석하지 않는 경우가 대부분이다. 다들 그보다 중요한 다른 일이 있을뿐더러 교육은 일상적인 업무 수행에 방해가 되기 때문이다. 이 문제를 해결하기 위해 인지어스의 이안은 기발한 넛지를 제안했다.

우선 그 사람이 교육 프로그램에 적합한 인물인지 파악하기 위해 직원들에게 자신이 왜 프로그램에 선택돼야 하는지 A4 용지 양면에 작성하도록 했다. 이런 과정은 의무 부과 장치로 작용해 운이 좋게 선정된 사람들이 교육에 참석하도록 자극했다. 더욱이 직원들은 자신이 왜 교육에 적합한 후보인지 세세히 밝혔으니 이 기회를 잡지 않으면 **인지 부조화**cognitive dissonance를 경험하게 되는 셈이었다. 이렇게 해서 선택된 이들은 전원이 교육에 참석해 탁월한 성과를 보였다.

선정된 후보자들은 매주 세 시간 동안 행동과학의 세계에 빠져들었다. 교육에는 대면 상호작용과 영상, 토론 및 공동 작업이 결합된 혼합 학습 프로그램이 사용됐다. 참석자들은 과제를 할당받아 소셜 플랫폼에 제출했고 그들의 학습 내용은 관리가 용이하도록 몇 부분으로 묶었다. 사람들이 자신의 지식을 확인받는다는 사실을 알면 학습 효과가 더 높아지기 때문에 교육 과정을 마무리하면서 시험도 보았다.

그렇게 6주를 보낸 뒤 인지어스 직원들은 조직 내에 행동과학을 지지하는 사람들의 모임을 만들어 행동과학의 적용과 관련해 서로 도움을 주고받을 수 있었다. 인지어스의 품질 및 통찰 관리자 레이철 커닝엄 같은 일부 개인에게는 이 모든 과정이 큰 변화를 불러오는 인생의 경험이었다. 레이철은 새로 습득한 모든 지식을 받아들여 자신의 일상생활에 적용했고 이후 조직 전체에 행동과학을 적극 권장하기 시작했다.

행동과학 교육을 한 팀에 제공할 때의 여러 장점 중 하나는 이미 개발된 언어를 공유할 수 있다는 것이다. 당연히 인지어스는 자사의 비즈니스와 문제에 대해 코리보다 잘 알고 있었지만 코리 팀은 행동과학에 대해 더 잘 알고 있었다. 이 두 집단은 교육과 협력을 통해 공통된 용어를 만들기 시작했다.

예를 들어 제즈가 서비스 사용자와 상호작용하면서 경험을 창출하는 방법을 설명한다면 두 집단은 이를 서비스 사용자 경험이라 말하는 것이다. 또는 학계에서 초두 효과로 알려진 현상을 심리학 연구에서 어떻게 밝혀냈는지 설명할 경우, 두 집단이 모인 자리에서는 이를 첫인상의 중요성이라 이야기할 수 있다. 행동과학에 대해 이야기할 때 모든 사람이 이런 공통된 용어를 사용한다면 학계의 무게감과 구어의 접근성이 눈부시게 결합할 것이다.

교육을 마무리하고 개입을 시행한 결과, 첫 통화 고정률이 103.54퍼센트까지 상승하면서 인지어스 팀은 회사의 가치를 입증했다는 내부 찬사를 받았다. 시상은 직원들의 의욕을 고취하기 위함이었지만 첫 통화 고정률이 높아지자 궁극적으로 서비스 사용자의 경험이 개선됐다. 코리 팀은 학계의 이론을 가져와 사용 가능한 자산으로 바꾸고 이를 이해하기 쉬운 언어로 가르치면서 협력을 통해 편지와 대화를 재설계했다. 그 결과 인지어스 팀은 업무가 수월해졌고 서비스 사용자는 자신의 삶을 다시 정상 궤도에 올릴 수 있었다.

궁극적으로 누구나 행동과학을 활용해 주변 세계를 더 나은 곳으로 만들도록 힘을 보탤 수 있다. 이 모든 일을 진행하는 데 고도의 지능이 필요한 것도 아니었다.

하우투 넛지 ▎ 행동과학 교육 단계

행동과학을 적용하기 위해 아무리 고군분투한다 해도 한 사람이 모든 일을 도맡아 하기에는 한계가 있다. 그러니 머지않아 동료들을 교육시켜서 그들의 도움을 받아야 할 것이다. 그러기 위해서는 먼저 온라인에서 사용할 수 있는 풍부한 무료 정보를 활용하고 이후 공개 시장에서 비용을 지불해 교육 과정을 밟도록 하라. 최종적으로는 당신의 산업에 알맞은 내부 교육을 진행할 행동과학 전문가를 고용하는 것을 목표로 삼아야 한다.

이런 교육 기회를 누구에게 제공할 것인가? 우선 관련 주제에 자연스럽게 관심을 보이는 사람들을 파악하고 선택하라. 이들은 행동과학의 훌륭한 대변인이 될 것이며 행동과학이 조직 내 다른 분야에 퍼지기 시작하면 동료들에게 교육을 받도록 권고할 것이다.

25 무료 정보를 흡수하라

행동과학을 발견하기 위한 여정을 시작한 이들은 댄 애리얼리와 탈리 샤롯Tali Sharot, 대니얼 카너먼의 대단히 흥미로운 TED 강연을 활용할 수 있다.

26 공개 시장의 교육 과정을 샅샅이 뒤져라

더욱 체계적인 학습을 위해 다양한 분야와 예산에 맞는 광범위한 유료 교육 과정을 찾아볼 수도 있다. 행동과학과 그 주요 개념에 대한 일반 개론을 알고 싶다면 온라인 콘텐츠 강의 웹사이트인 42코스 42courses에서 로리 서덜랜드가 진행하는 인터넷 강의를 듣는 것도 좋다. 마케팅 종사자들을 위한 마인드웍스 아카데미Mindworx Academy 에서는 7.5시간의 온라인 영상 콘텐츠를 갖춘 공인 과정을 통해 소비자 심리학의 원리를 개략적으로 설명한다. 대면 교육을 위한 코그로드Coglode에서는 행동과학의 발견에 대해 알리며 사람들에게 행동적 통찰을 업무 현장에 적용하는 방법을 전한다.

27 행동과학 전문가를 고용하라

조직 내에 행동과학을 수용하고 유지하기 위해서는 궁극적으로 내부 교육을 진행할 전문가를 고용해야 한다. 이상적으로는 행동과학 전문가이면서 동시에 관련 산업에 대한 지식을 갖춘 인물이어야 한다. 이런 사람이면 당신의 조직에 알맞은 교육을 제시할 수 있다.

대학 전공자를 고용할 경우, 행동과학에 정통한 사람을 찾을 수 있는 대학원 과정은 넘치도록 많다. 가령 영국 워릭대학교와 바스 대학교, 런던 정경대학교, 유니버시티 칼리지 런던, 런던 시티대학교 모두 훌륭한 교육 과정을 제공하기 때문에 풍부한 지식을 갖춘 졸업생을 고용할 수 있다. 아니면 수년간 행동과학 실무를 익힌 경력자를 스카우트할 수도 있다.

투자 금액
늘리기

요크셔푸딩, 결혼 프러포즈, 결승골. 모두 타이밍이 핵심이다. 제즈는 비즈니스에서 행동 개입을 실행할 때에도 이런 옛말이 적용된다는 사실을 깨달았다. 코리의 임원진으로 실리를 추구하는 인물인 사이먼 걸리포드Simon Gulliford는 언젠가 제즈에게 비즈니스에서 행동 실험을 할 때 이상적인 시간이 얼마나 되는지 물었다.

"모두 정황에 따라, 개입의 성질과 프로젝트의 전반적 방향에 따라 다릅니다."

제즈가 조리 있게 대답했다.

"그럴 수도 있지만 저는 훨씬 더 근본적인 문제라고 생각하는데요."

사이먼이 말했다. 30년 이상 민간 부문에서 비즈니스 전략가로 일한 사이먼은 조직 내의 모든 프로젝트가 광고주에 의해 움직인다는 사실을 알고 있었다. 광고주는 분기별 미팅에서 이사회에 프로젝트를 제안하는데, 이 미팅은 몇 분이면 끝난다. 다음 미팅에서 광고주는 프로젝트에 대한 보고를 받는다. 보고가 성공적이면 프로젝트는 살아남는다. 프로젝트의 운명이 애매할 때에는 중도에 물거품이 될 수도 있다. 이런 정치학으로 미뤄볼 때 행동과학 프로젝트가 추진력을 얻기 위해서는 첫 3개월 동안 증거 사례를 확보하는 것이 중요한데, 그렇게 되면 실험에 6~8주의 기간이 주어지는 셈이다.

응용행동과학을 주창하는 당신은 이렇게 짧은 기간을 할당받으면 상당한 시간 압박을 받는다. 제한 시간 안에 행동과학의 장점을 조직에 납득시켜야 하는 것이다.

가장 쉬운 길이 아닌 올바른 길을 파악하라

● ● ●

이 모든 사실을 종합하면 사람들이 자신의 인지적 편향을 알고 있다고 해서 그 편향에 덜 취약한 것은 아님을 알 수 있다.[35] 특히 뇌가 에너지를 절약하려고 할 때에는 더욱 그렇다. 이 때문에 인간의 뇌는 인지적 구두쇠cognitive miser라 불린다.[36] 구두쇠가 돈에 인색한 것처럼 우리의 마음은 선천적으로 게을러서 인지적 에너지를 되도록 소비하지 않으려 한다. 그 결과 우리는 뇌의 자원이 부족할 때 인식의 지름길을 택하려 한다.

당신이 불안하거나 흥분해 있거나 지쳐 있을 때—모두 조직 내에서 행동과학 실험을 진행할 때 예상할 수 있는 범위 안의 감정이다—뇌는 가장 쉬운 길을 선택할 것이다. 말하자면 개입의 성공 여부를 어떻게 측정할지 선택할 때 당신은 개입의 효과를 드러내는 가장 대표적이고 정확하며 유용한 측정법이 아닌 가장 편리한 방법을 선택하고픈 유혹을 느낄 수 있다.

이때 신속하고 편리한 길을 택하게 하는 힘이 두 가지 있다. 하나는 회의실의 정치학에 따른 시간과의 싸움이고, 다른 하나는 문제에 대한 쉬운 해결책을 찾으려 하는 뇌의 타고난 성향이다.

제즈는 저축 및 투자회사인 피델리티Fidelity에서 실험을 진행하는 동안 이 사실을 충분히 인지하고 있었다. 피델리티는 서비스 팀이 다양한 서비스 및 제품을 홍보할 수 있도록 돕고자 했다. 하지만 '적극적 판매'는 피델리티의 문화와 어울리지 않았기 때문에 그들은 고객에게 방해가 되지 않으면서 도움을 줄 홍보 및 판매 방법을 행동과학을 통해 알아보려 했다. 개입의 성공 여부를 측정할 때 피델리티 측은 역시 빠르고 쉬운 길을 원했다. 하지만 이는 피델리티의 궁극적인 목표에 걸맞지 않았다. 결국 피델리티는 측정에 더 많은 시간을 투자하고 내부의 인지적 구두쇠에 대응하면서 제대로 된 결과를 측정하기로 했다.

주소가 바뀐 사실을 투자회사에 알리려 할 때는 고객 지원 센터로 전화하면 된다. 이런 전화는 거래처럼 느껴질 수 있다. 전화선 너

머의 직원은 당신의 새로운 주소를 시스템에 의무적으로 입력하고 즐거운 하루를 보내라는 기계적인 말을 건넬 것이다. 이런 종류의 소통에서는 고객을 위해 가치를 창출하고 관계를 구축할 기회를 놓치고 만다.

투자회사의 통화 대본 바꾸기

• • •

매년 영국의 모든 성인은 개인 저축 계좌에 최대 2만 파운드까지 저축할 수 있다. ISA라고 알려진 이 계좌는 비과세 대상이다. 혜택을 받을 수 있는 기한은 매년 4월 5일까지다. 피델리티는 행동과학을 활용해 고객들이 적시에 알림을 받아 이 혜택을 누리도록 돕고자 했다. 이처럼 마감일이 있는 제품이나 서비스 경우에는 정보를 적시에 제공하는 것이 중요하기 때문이다.

코리 팀이 피델리티와 고객의 전화 통화 내용을 일부 들어보니, 사람들이 자신의 ISA 계좌 사용에 따른 세금 혜택이나 다가오는 마감 기한을 제대로 알지 못하는 듯했다. 그렇다면 피델리티와 고객 모두 상호 이익을 창출할 기회가 있었다. 피델리티는 고객들에게 그 기회에 대해 알리면서 동시에 피델리티에 투자하는 금액을 늘릴 수 있다는 추가 혜택도 귀띔해주어 고객을 도왔다.

행동과학을 활용해 통화 대본을 바꾸기 전까지 피델리티의 직원들은 이런 홍보를 어색해했다. 일반적으로 회사가 전화로 고객에게 더 많은 제품을 판매하려 할 때에는 상호주의가 부족한 것처럼 느껴진다. 주소를 변경하려고 전화한 사람에게 구입 권유를 하는 셈이기 때문이다. 이런 식의 접근 방식을 겪어봤다면 이런 대화가 얼마나 불쾌한지 잘 알 것이다. 이 때문에 피델리티는 거래적 전화를 고객에게 도움을 주는 기회로 전환하고자 했다.

그렇다면 다음과 같은 변화는 어색할 수 있다.

"전화하신 김에 여쭤보는 건데 여유 자금을 ISA에 입금할 생각은 없으신가요?"

고객의 질문과 하등의 관련 없이 나중에 덧붙여지는 이런 질문은 불편한 요청으로 느껴진다. 이런 어색함 때문에 직원들은 질문하기를 꺼려하고, 고객들의 예외 없이 부정적인 반응 때문에 직원들의 거부감은 더욱 악화된다.

이 사실을 이해한 코리 팀은 피델리티가 고객과의 소통에 행동과학의 원리를 적용해 거래적 대화를 관계적 대화로 전환할 수 있도록 도움을 줬다.

"아시다시피 ISA 계좌는 과세연도당 한 개만 만들 수 있습니다. 이번 과세연도의 종료 시점이 얼마 남지 않았는데 이 상품에 투자할 의향이 있으신지요?"

"이번 과세연도가 끝날 때까지 투자하지 않을 생각이라면 새로운 ISA 한도는 4월 6일에 지급될 것입니다."

여기서는 "아시다시피"라는 말을 새로 집어넣어 고객들이 이미 잘 알고 있다는 사실을 암시함으로써 고객의 자아에 호소했다. 이렇게 으쓱해지는 이야기를 들으면 고객은 기분이 좋아진다. 임박한 마감 기한은 고객의 희소성 편향scarcity bias을 부추겨서 기회에 더 높은 가치를 부여했다. 윤리를 지키면서 동시에 고객이 없는 돈을 만들어 투자하도록 넛지하는 것을 피하기 위해 4월 6일이면 새로운 한도가 설정된다는 사실을 강조해 희소성을 중화시키기도 했다.

이처럼 피델리티가 고객에게 상품을 판매하는 것이 아니라 고객을 돕는 것으로 소통 방식을 변경하자 고객의 만족도도 높아졌다. 물론 그에 따라 피델리티 측은 더 많은 돈이 투자 상품에 예치되는 수혜를 입었다. 그런데 행동과학이 이런 전화 통화에 미친 영향력은 어떻게 수량화할 수 있을까?

눈앞의 결과인가, 최종 결과인가

• • •

개입을 측정하는 최선의 방법을 선택할 때에는 최종 결과보다 눈앞의 결과물을 포착하고픈 유혹을 받는다. 가령 비만 퇴치를 위한 개입을 설계한 경우, 걷기 운동으로 활동량을 높이는 방법이 해결책 중 하나가 될 수 있다.

이때 결과를 가장 빠르고 쉽게 측정하는 방법은 매일 걸은 횟수를 세는 것이다. 이런 측정을 정당화하기 위해 당신은 논리를 짜 맞춘다. 걸음 수가 증가하면 전반적인 활동 수준과 칼로리 소모가 높아져서 궁극적으로 체중이 줄어들 것이라는 논리가 그것이다.

그러나 흥미롭게도 사람들은 증가한 활동량을 음식으로 보상하려는 경향이 있다. 30분 동안 조깅을 하고 나서 허겁지겁 초콜릿 바를 먹고 저녁 시간에 라자냐를 두 그릇씩 비우는 것이다. 놀랄 것도 없이 체중은 그대로거나 심지어 늘어나기도 한다.[37] 이런 상황에서 걸음 수 같은 눈앞의 결과물을 측정하면 개입이 제대로 작동하고 있다고 생각한다. 하지만 최종적 결과인 체중을 측정한다면 현실을 깨닫고, 결국 개입이 실패했음을 알게 된다.

이와 마찬가지로 마케팅 캠페인을 진행하면서 고객 유치라는 눈앞의 결과물을 성공의 빠른 척도로 사용하는 경우도 있다. 이 캠페인은 장기적으로 고객 평생 가치에 치명적인 영향을 미친다는 최종 결과에 이를 수 있다.

시중 은행의 마케팅 담당 이사에게도 이와 같은 일이 벌어졌다. 당좌 예금 계좌를 유치하고자 한 그는 경쟁 업체의 고객을 빼오는 것을 목표로 캠페인을 벌였다. 이후 눈앞의 결과물인 당좌 예금 계좌가 대량으로 유치되자 캠페인이 단기적 성공을 거둔 것이라 자신했다. 그런데 1년 후, 이 마케팅 담당 이사는 경쟁 업체의 담당자를 만나는 자리에서 자신을 환대하는 상대방의 모습에 어안이 벙벙해졌다.

"지난해에 저희를 위해 쏟아주신 모든 노고에 감사드립니다."

당황해하는 그에게 경쟁 업체 사람은 말을 이었다.

"그동안 저희 입장에서는 수익성이 없는 고객이 많았는데 귀사에서 친절하게도 그들을 모두 떠안아주시지 않았습니까?"

모두 눈앞의 결과물을 지나치게 근시안적으로 측정한 까닭에 마케팅의 최종 결과를 파악하지 못한 탓이었다.

피델리티에서는 개선된 전화 대본에 따라 투자 상품에 예치된 금액을 파악하는 것이 개입의 최종 결과였는데 이를 측정하는 것은 쉽지 않았다.

대규모 조직은 기존의 시스템 때문에 데이터를 공유하기 힘든 경우가 있다. 예를 들어 고객관리센터의 데이터는 런던에 보관되어 있는데 거래 데이터는 뭄바이에 저장되어 있고 조직의 본사는 토론토에 있을 수도 있다. 이렇게 흩어진 지점들을 한데 모으고, 전화로 나눈 대화가 고객 계좌에 예치된 금액에 직접적 영향을 미쳤다는 사실을 추론하기란 상당히 어렵다.

더군다나 마케팅과 기술 업데이트, 전반적인 금융시장 등 동일한 시기에 투자에 영향을 미친 수많은 다른 요소가 있기 때문에 결과의 공을 모두 개입에 돌리기엔 무리가 있다. 학계에서 **혼재 변수** confounding variables 라 불리는 이들 요소는 실험실 내에서는 통제할 수 있지만 현실 세계에서 개입을 실행할 때에는 통제하기가 까다롭다.

반면에 측정하기가 좀 더 쉬운 눈앞의 결과물은 전화를 통한 즉시 전환이었다. 이번 사례에서는 ISA에 대해 자세히 알고 싶어 하는 고객들에게 전달된 정보 꾸러미가 눈앞의 결과물에 해당했다. 피델리티 측은 시간 제약과 인지적 구두쇠로 인해 이런 눈앞의 결과물로 개입의 성공 여부를 측정했다. 그리고 5주 동안 피델리티의 직원 다섯 명으로 구성된 두 집단을 비교했다. 예상과 달리 고객에게 전달된 정보의 수는 통제 집단에서 상당히 높은 반면 실험 집단에서는 소폭 증가한 것에 그쳤다. 개입이 의도한 것과 정반대의 영향을 미친 것이다! 피델리티에서 응용행동과학의 운명을 가를 마지막 결정타였다.

이 결과에 실망한 제즈는 피델리티의 분기별 미팅에서 이 사실을 알리면서 장기적 결과를 조사하기 위한 더 많은 자원을 요청했다. 때로 우리는 비용이 많이 드는 최종 결과를 측정하지 않고 손쉬운 눈앞의 결과물을 측정하고픈 유혹에 빠진다고 제즈가 설명했다. 그는 수량화하는 데 시간이 오래 걸리는데다 특정 개입에 공을 돌리기가 더 어렵지만 최종적 결과인 투자를 측정하는 것이 정당하다고 주장했다.

투자 금액은 늘었을까?

• • •

복잡한 작업이었다. 앞에 언급한 혼재 요인의 영향을 제거하기 위해 고객의 기록 및 통화를 3개월 동안의 모든 계좌 거래와 연결해야 했고, 6개월 단위 분석은 아시아에 위치한 IT센터에 의뢰해야 했다. 이를 통해 개입 자체를 제외하면 두 집단 모두 유사한 대상에 노출됐음을 확실히 알 수 있었다. 이와 같은 추가 분석은 비용이 들었지만 제대로 된 결과를 측정하기 위해 투자할 가치가 있었다.

측정 결과 발표가 예정된 분기별 미팅 당일, 그 자리에 참석한 모든 사람이 초조하게 결과를 기다리며 숨을 죽이고 있었다. 결국 사람들의 인내가 보상을 받았다. 최종 데이터에서 중요한 결과가 드러났다. 새로운 대본으로 피델리티의 관리 자산은 103.15퍼센트 증가했다. 다시 말해 새로운 대본을 통해 피델리티는 그동안 목표로 한 금액의 두 배 이상을 유치한 것이다.

예상보다 오래 걸리긴 했지만 시간과 비용을 추가로 들인 보람이 있었다. 이론의 여지가 없는 증거를 확보함으로써 피델리티는 이제 개념 증명에서 사내 대규모 개입으로 자신 있게 옮겨갈 수 있었다. 2018년 5월에 개인정보보호규정GDPR이 새로 제정되고 피델리티 전사에 행동과학이 적용되면서 코리 팀과 함께한 작업이 수상의 영광을 얻기도 했다.

28 내면의 인지적 구두쇠에 맞서라 : 진정한 결과를 측정하라

예전부터 해오던 것이나 가장 하기 쉬운 것을 측정하고픈 유혹을 느끼겠지만 그때마다 스스로 물어보라. 이 개입에서 가장 중요한 결과는 무엇인가? 내면의 인지적 구두쇠에, 가장 편한 길을 가려 하는 게으른 뇌에 맞서고 눈앞의 결과물과 반대되는 실제적인 결과를 측정하라. 이렇게 하면 평가하는 데 더 많은 시간과 비용이 들 수도 있지만 개입의 성공 여부를 평가하고 싶다면 실제적 결과를 측정하는 것이 좋다.

이 접근법을 통해 몇 가지 인상적인 증거 사례를 확보하고 나면 이후에는 모든 개입에 대한 결과를 강박적으로 측정하지 않아도 된다. 시험 운영을 완료하고 응용행동과학의 효과를 입증했다면 결과 측정에 계속해서 비용을 들일 필요는 없다. 그 돈을 더 잘 활용할 다른 곳에 투자하는 편이 낫다.

29 결과를 단순화하라: 비용이 얼마나 드는가?

비즈니스는 각기 다르고 독특하며 복잡하다. 그러나 모든 비즈니스는 고객을 유치하겠다는 공통된 욕구를 품는다. 어떤 비즈니스든 한번 유치한 고객을 계속 유지하고자 한다. 그렇게 고객을 유지하면 이제는 고객층을 확대하고자 한다. 비즈니스의 이런 공통된 목표를 미뤄보면 행동과학의 가치를 입증할 때 측정하기에 가장 적절한 최종 결과는 고객 유치 비용 및 유지 비용, 그리고 성장 비용이 될 것이다.

간단히 말해 개입에 투입된 총비용을 고객 수로 나누는 것이다. 당신이 택한 접근법으로 이런 비용이 감소했음을 증명할 수 있다면 당신은 추가 투자를 위한 훌륭한 사업 타당성을 얻은 것이다.

30 감정적 롤러코스터를 예상하라

행동은 복잡한 데다 맥락에 크게 좌우된다. 그러니 원하는 결과를 즉시 얻을 수 있다고 추정하지 마라. 이 프로젝트는 제즈가 피델리티와 함께한 첫 번째 작업이었으므로 긍정적인 증거를 얻기까지 많은 노력을 기울여야 했다. 따라서 제즈는 프로젝트의 성공에 대거 투자했지만 아무 가치 없는 결과를 얻을 수도 있다는 사실에는 준비가 되어 있지 않았다.

이런 장애물을 맞닥뜨렸을 때는 측정 방법을 즉시 변경해야 하더라도 인내해야 한다. 감정적 롤러코스터를 예상하고 예기치 못한 상황에 대비하라.

Chapter 11

나쁜 넛지,
좋은 넛지

2008년에 『넛지』가 출판된 후, 기업들은 다양한 이해관계자들에게 긍정적 변화를 일으키고자 행동과학을 시험적으로 채택했다. 넛지 이론이 몇십 년 전에 대중의 의식에 안착됐다면 전혀 다른 이야기가 펼쳐졌을지도 모른다.

1970년에 미국의 경제학자 밀턴 프리드먼Milton Friedman은 기업이 "사회의 기본 원칙을 준수하면서 최대한 많은 돈을 벌어야 한다"는 유명한 주장을 했다.[38] 이후 몇십 년 동안 기업 이사회에는 어떤 비용을 치르더라도, 심지어 거미줄처럼 얽힌 다른 이해관계자들에게 해를 입힌다 해도 주주 가치를 최대화해야 한다는 분위기가 팽배했다. 넛지 이론이 1995년의 닷컴 열풍과 동시에 인기를 얻었다면 넛지는 대다수가 최우선시하는 이익 극대화라는 목표 하나만을 위해 설계됐을 테고, 그리하여 넛지 이론의 다른 중요한 용도를 모두 해쳤을 것이다.

그러나 새천년이 시작되면서 기업 가치에 실질적인 변화가 일어났다. 이 변화는 2008년 서브프라임 위기 사태로 더욱 촉진됐다. 이제 조직은 가능한 한 많은 돈을 벌기 위해 노력하기보다 나름의 목적을 등대로 삼기 시작했다.[39] 기업이 주주 가치보다 이해관계자 가치를 우선시하게 된 이 시기에 넛지 이론은 뜻하지 않게 공적 담론에 포함됐다.

넛지 이론은 세상이 그 아이디어를 받아들일 준비가 됐을 때, 기업이 중대한 문제를 낮은 비용으로 해결하는 방안을 모색하고 있을 때 다가왔다. 넛지 이론은 직원들이 올바른 일을 하면서 고객을 위해 더 나은 경험을 제공하고 동시에 주주가 더 많은 돈을 벌 수 있게 함으로써 모든 이해관계자가 더 많은 가치를 창출하도록 이끌었다.

넛지를 부적절하게 사용하는 사람들

• • •

안타깝게도 민간 부문에서 일하는 사람들은 고객 행동을 변화시키기 위해서라는 부적절한 이유로 넛지 이론을 사용하려 한다는 오해를 받는다. 이런 인식은 전례가 없지 않다. 1980년대와 1990년대에 일부 기업은 부정확한 정보를 바탕으로 결정을 내린 탓에 이해관계자를 고려하지 못했다. 기업은 심리적 판매 기법을 활용해 상환할 능력이 안 되는 사람들에게 담보 대출을 해주는 등 고객의 약점을 악용했다. 물론 이렇게 행동과학을 활용하면 고객의 행동을 변화시키고 단기적인 경제적 이익을 얻을 수는 있겠지만, 이런 비즈니스 전략은 지속할 수 없다. 이런 전략은 고객과의 관계를 손상시킬뿐더러 직원들에게 불쾌감만 안긴다.

넛지 이론은 반대로 고객을 위해 장기적 가치를 창출하는 데 사용될 수도 있다. 행동과학이 없으면 고객 경험은 기술적으로 합리적인 사고에 따라 설계되겠지만 사람들이 실제로 어떻게 생각하고 행동하는지에 대해서는 제대로 고려하지 못할 것이다. 행동과학은 사람들이 최선의 결정을 내리지 못하도록 방해하는 부정적인 인지적 마찰을 제거하는 데 활용될 수 있다. 그런 다음 선택 설계에 긍정적인 인지적 마찰을 추가하면 사람들이 더 나은 결정을 내리도록 도울 수 있다.

인지적 마찰은 에너지를 고갈시키고 사람들의 정신 작용을 둔화시키는 등 부정적으로 활용되는가 하면 반대로 긍정적으로 활용될 수도 있다. 예를 들어 도박을 하는 사람들은 '열성적 상태'에 있을 때 재정적으로 현명치 못한 결정을 내린다. 그들의 도박 거래에 시간 지연 같은 긍정적인 마찰을 가하면 더 합리적인 의사 결정을 독려할 수 있다. 이렇게 넛지 이론을 활용하면 고객의 입장에서 진정한 가치를 창출할 수 있다.

넛지 자체가 본질적으로 비윤리적인 것은 아니라고 캐스 선스타인은 말한다.[40] 사람들이 내리는 모든 결정 중에 일부에 대한 선택 설계는 불가피하다. 가령 우리가 꼼꼼히 살피는 식당 메뉴는 모두 선택 설계가 된 것이다. 손님이 가장 값비싼 와인을 고르도록, 가장 건강한 메인 코스를, 또는 주방장 추천 메뉴를 고르도록 넛지할지의 여부는 모두 선택을 설계하는 사람에게 달려 있다. 따라서 넛지의 윤리는 넛지를 가하는 사람의 도덕성에 좌우된다. 윤리적 넛지의 매개 변수에 대한 교육을 받고 준수할 규정의 우선순위를 정하며 기업 가치를 도덕적 지침으로 삼는다면 행동과학은 전적으로 윤리적인 방식으로 사용될 수 있다.

제즈와 코리 팀이 투자회사인 스탠더드 라이프와 협업을 시작했을 때에도 행동과학을 주주 및 이해관계자들에게 도움이 되는 방향으로 활용하는 것이 중요했다. 그럼 넛지가 스탠더드 라이프의 주주뿐 아니라 고객과 직원에게 어떻게 도움이 됐는지 살펴보자.

화면은 어디에나 있다. 식당부터 슈퍼마켓, 은행에 이르기까지 우리는 화면을 통해 비즈니스와 교류한다. 이런 기술과 함께 성장한 고객, 즉 디지털 원주민에게는 이런 생활이 자연스럽게 느껴진다. 반면에 나이가 조금 더 지긋한 세대에게는 디지털 문화가 외국어처럼 생경하게 느껴질 수 있다. 그들은 예전부터 익숙한 방식인, 전화로 교류하는 것을 훨씬 더 편안하게 느낀다.

스탠더드 라이프 같은 기업 입장에서는 고객 지원 센터를 운영하고 고객 담당 직원을 교육하는 것보다 웹사이트를 구축하고 유지하는 것이 훨씬 더 저렴하다. 고객이 전화를 거는 것보다 디지털 플랫폼을 활용하도록 장려하는 것이 비용 편익 면에서 더욱 유리하다. 그렇다고 디지털 플랫폼만 내세우면 단기적으로는 돈을 절약해 주주 가치가 최대화될지 몰라도 장기적으로는 이해관계자 가치가 추락할 수밖에 없다.

편향된 선택 설계

• • •

스탠더드 라이프에서 고객이 연금 인출과 관련해 도움을 받을 수 있는 선택안은 두 가지였다. 첫 번째는 고객 지원 센터에 전화하는 것인데, 이때 고객은 495파운드를 내야 했다. 두 번째는 아무 비용 없이 온라인으로 접속하는 것이었다. 전화 서비스 비용을 기꺼이 지불하는 고객도 일부 있었지만 경쟁 업체에서 전화 서비스를 무료로 제공하고 있었기에 스탠더드 라이프 측에서도 역시 무료 정책을 따르기로 결정했다.

스탠더드 라이프 측은 전화 서비스를 무료로 제공하면 전화가 밀려들지 않을까 노심초사했다. 가격 면에서 0은 특별한 숫자다. 무료의 힘이라고 알려져 있다시피 누구나 무료라고 하면 무분별하게 끌리기 마련이다.[41] 이때 행동과학을 활용하면 이런 편향 때문에 스탠더드 라이프에 전화하게 되는 심리적 자극을 최소화하면서 고객이 최선의 선택을 하도록 도울 수 있다.

효과적으로 의사 결정을 하려면 양쪽 선택안의 이점을 알아야 한다. 대다수 사람에게는 디지털 서비스가 더 나은 선택안이 될 수 있지만 전화 서비스가 무료라는 사실에 분별없이 끌리는 사람도 있을 것이다. 이때 다음과 같은 메시지를 전달하면 고객은 전화를 거는 선택안에 편파적으로 치우칠 수 있다.

"전화 서비스 비용은 495파운드에서 무료로 바뀌었습니다. 아니면 온라인으로 접속하실 수도 있습니다. 온라인 접속 비용 역시 무료입니다."

비용이 들지 않는다고 하면 예전부터 온라인으로 접속하던 사람도 전화에 마음이 쏠리기 시작한다. 마찬가지로 예전부터 전화 서비스를 사용하던 고객은 기존의 선택안을 고수하고픈 유혹을 느낄 것이다. 전화로 좋은 서비스를 받아왔는데 군이 디지털 선택안으로 옮겨가는 것은 당치 않은 데다가 자신이 선호하는 전화 서비스가 이제 무료가 됐으니 이를 마다할 사람은 없을 것이다.

선택 설계 재조정하기

• • •

가능한 한 중립적인 방향으로 선택을 설계해 고객들에게 선택의 권한을 부여하려면 가격 조정 사실을 알리면서 두 선택안의 이점을 함께 설명할 필요가 있었다.

전화 서비스는 시간이 더 오래 걸렸다. 고객이 알맞은 재정 결정을 내렸는지 확인하기 위해 45분에 걸쳐 두 번의 전화가 이어졌는데, 여기에는 직원이 꽤 오랫동안 규약을 읽는 시간도 포함됐다.

반면에 디지털 서비스를 사용하면 업무를 더 빠르고 유연하게 처리할 수 있었다. 직접 읽어보는 편을 선호하는 고객에게 디지털 서비스는 몇 시간이 걸리든 몇 주가 걸리든 자신의 속도에 맞출 수 있었다. 그 과정을 몇 가지 단계로 나누어 시간을 두고 선택안을 깊이 고민해볼 수도 있었다.

습관처럼 전화 서비스를 받던 고객에게 디지털 선택안도 편리하다는 사실을 알리기 위해 다음과 같은 말을 전했다.

"귀하와 같은 고객을 다수 접해본 결과, 디지털 시스템이 의사 결정에 도움이 된다고 확신합니다."

전화에서 디지털 서비스로 바꿔도 될지 확신이 서지 않는 고객에게 다른 고객을 언급하는 것은 디지털 서비스를 사용해보도록 권하는 강력한 방법이다.

두 가지 선택안의 상대적 이점을 설명하면 제시된 선택 설계는 더욱 중립을 지킬 수 있고, 사람들은 각 선택안의 상대적 이점을 고려해 결정을 내릴 수 있다. 의심할 것 없이 스스로 규약을 읽기 힘들거나 사람의 목소리를 들어야 안심이 되는 고객에게는 전화 서비스가 더 알맞을 것이다.

그 밖에 다른 사람들은 자신이 선호하는 새로운 서비스를 시도해볼 수 있었다. 디지털 서비스는 원하는 만큼 시간을 들일 수 있고 처리 과정 전체를 스스로 통제한다는 장점이 있었다. 더군다나 고객이 온라인 서비스를 선택할 경우, 스탠더드 라이프 입장에서도 비용을 절감할 수 있었다.

나쁜 넛지를 막아라

• • •

스탠더드 라이프 사례에서 보았듯이 넛지 이론은 고객 가치뿐만 아니라 기업의 가치까지 창출할 수 있다. 이런 상호간의 이익은 장기적으로 주주와 이해관계자 양측의 가치를 창출한다.

다른 이해관계자의 가치에 해를 입히면서 주주의 가치만을 창출하고자 하는 비윤리적 넛지를 고안하는 기업은 결국 눈에 띌 수밖에 없다. 인터넷을 돌아다니다가 비윤리적 넛지 혹은 다크 패턴dark pattern(사용자를 속여 보험을 들거나 장기 결제를 하도록 유도하는 사용자 인터페이스)을 감지한 사람은 누구든 해당 사이트darkpatterns.org에 이름을 공개해 잘못을 저지른 장본인에게 망신을 줄 수 있다. 한 예로 유럽의 대표적 저가 항공사 라이언에어는 비윤리적인 방식으로 기본 선택안을 사용해 여론의 뭇매를 맞았다. 항공권을 구입한 고객은 모두 여행 보험에 가입해 보험료를 내게 하는 것이 기본 선택안으로 설정되어 있었다. 이 선택안을 해제하는 칸은 주 메뉴 아래에 숨겨져 있었다.[42] 이런 비윤리적 넛지를 공개할 때 좋은 점은 다른 기업들이 유사한 실수를 저지르지 못하게 막을 수 있다는 것이다.

교육기관에서는 행동과학자들이 윤리위원회에서 제정한 규범을 준수해 어떤 실험 참가자도 비윤리적으로 조종당하는 일이 없도록 철저히 관리해야 한다. 민간 부문의 기업은 이와 유사한 윤리위원회를 두지 않는다는 이유로 윤리를 전혀 고려하지 않는다는 오해를 받는다. 하지만 민간 부문의 모든 기업은 위험 관리 및 규정 준수 팀을 두어 학계의 윤리위원회와 유사한 검증 절차를 거침으로써 고객 처우에 공평성을 기하고 조직을 위험으로부터 보호하고 있다.

당신의 넛지가 공정하고 투명하며 자신의 가치와 잘 연계되어 있는지 확인한다면 행동과학의 원리를 비즈니스에 자신 있게 구축할 수 있다. 더불어 행동과학을 활용하는 당신의 접근법이 해당 산업의 규제 지침을 준수하는지 확인할 수 있다.

행동과학이 점점 더 많은 비즈니스에 채택되면서 넛지의 윤리학에 대해 지속적이고 공개적인 토론이 필요하게 됐다. 행동과학을 적용할 때 간단한 어림짐작으로 잠시 멈춰 생각해보라. 이 넛지가 주주는 물론 이해관계자의 가치까지 창출하는가? 만일 그렇다면 상호 이익을 도모하면서 윤리적으로도 튼튼한 넛지를 고안했다고 자신해도 좋다.

하우투 넛지   윤리적이면서 상호 이익을 도모하는 넛지 고안법

당신이 고안한 넛지가 윤리적인지 자문할 세 가지 단계가 있다. 첫째, 스스로 물어보라. 이 넛지가 당신의 개인적 윤리에 상응하는 가? 둘째, 이 넛지가 당신의 기업 문화에서 어떻게 어우러질지 생각 해보라. 넛지가 기업 윤리에 상응하는가? 셋째, 규제 기관의 관점에 서 생각해보라. 이 넛지가 더 넓은 시장의 윤리에 상응하는가?

31 당신의 개인적 윤리에 상응하는가?

누구에게 넛지를 가하려 하는가? 그 사람의 입장이 되어 스스로 다음의 질문을 던져보라. 이 넛지 때문에 최선의 결정을 내리기 힘 들다면, 혹은 원치 않는 제품을 구입할 수밖에 없다면 기분이 어떨 것 같은가? 선택이 제한됐는가, 아니면 당신이 직접 선택하지 못하 도록 선택이 프레이밍됐는가? 거짓된 넛지로 인해 고의적으로 오도됐는가, 혹은 정보를 제대로 제공받지 못했는가? 이런 질문 중 어느 하나에라도 그렇다는 대답이 나온다면 처음으로 돌아가서 넛지를 다시 고안해야 한다.

이 모든 질문에 아니라고 대답할 수 있다면 당신의 넛지는 당신의 개인적 윤리에 상응하는 것이다. 넛지는 절대 사람들의 선택을 제한해서는 안 되며 언제나 선택의 자유를 보장하는 방향으로 프레이밍돼야 한다. 넛지를 가할 때에는 사람들이 쉽게 선택할 수 있어야 하고 합의는 완전히 투명해야 한다. 넛지는 언제나 진실한 정보를 바탕으로 해야 하며 결코 정보를 보류하는 일이 없어야 한다. 사람들이 원치 않는 것을 하도록 부추기는 데에 자신의 경력을 허비하고 싶지 않다면 이 모든 내용에 직감적으로 동의할 것이다. 제즈는 자주 이렇게 말한다. 어머니에게 자신이 하는 일에 대해 언제든 기꺼이 이야기할 수 있는 일을 하고 싶다고 말이다.

32 기업 윤리에 상응하는가?

당신의 넛지가 개인적 윤리에 상응한다는 사실을 확인했다면 이번에는 그 넛지가 조직의 윤리에 들어맞는지 생각해봐야 한다. 당신의 개입이 고객과 기업 양측에 균형 있는 도움이 되는가? 당신의 조직은 어떤 균형에 만족할 것인가?

다행히 우리는 개입을 실행하기 전에 민간 기업의 통제 절차에 따라 그 개입의 윤리적 의미를 고려한다. 당신의 넛지가 윤리위원회와 같은 검수 단계를 거칠 수 있도록 관리 회의를 열어서 위험 관리 및 법무 팀과 함께 심리적 준수 사항을 고려해볼 수 있다. 개입을 실행하기 전에 이런 과정을 거쳐 넛지가 일으킬 결과를 면밀히 검토하라. 개입이 끝난 뒤에는 단기 및 중기에 걸쳐 드러난 결과 중 의도한 것과 의도치 않은 것은 무엇인지 파악해야 한다.

더불어 조직의 구성원으로서 남에게 대접받고자 하는 대로 남을 대접하라. 고객을 상대로 넛지를 꾸준히 가하는 기업이나 조직은 직원들을 상대로도 꾸준히 넛지를 가해야 한다. 언행을 일치시켜라. 그러면 윤리적 넛지 문화는 자연히 따라올 것이다.

33 더 넓은 시장의 윤리에 상응하는가?

마지막으로 응용행동과학에 대한 접근법이 당신이 몸담은 시장의 윤리적 지침을 준수하는지 확인하라. 이런 윤리적 지침은 금융관리국, 가스전력시장국, 경쟁관리당국, 소매 및 시장위원회, 독점 및 합병위원회 등과 같은 다양한 조직에서 확인할 수 있다. 이런 지침을 통해 규제 기관과 응용행동과학의 실무진은 공통된 언어를 사용할 수 있다. 다시 말해 규제 기관과 실무진 양측이 넛지의 윤리에 대해 공개적이고 투명한 대화를 나눌 수 있다는 뜻이다.

Chapter 12

고객이
늘어나기
시작했다

1961년에 나사 우주 센터를 처음 방문했을 때 존 F. 케네디는 청소부 한 명에게 다가가 무엇을 하고 있는지 물었다.

"아, 대통령님, 저는 한 사람을 달에 보내는 것을 돕고 있습니다."

케네디는 바닥을 닦는 등 겉으로는 그리 대단치 않아 보이는 일도 더 큰 규모의 무언가에 기여하고 있음을 알게 됐다. 달에 가는 것과 같은 어마어마한 규모는 아니더라도 대형 프로젝트에는 다면적인 팀이 필요하다. 단 한 사람의 지식과 기술로는 복잡한 문제의 모든 조각을 이어 맞추기 힘들다. 우주 비행이 그렇듯 행동과학도 마찬가지다. 다양한 전문 분야의 사람들을 한데 모아 팀을 꾸리고 문제를 함께 해결해나가기 위해 당신만의 상대적 강점을 활용하는 법을 찾아야 한다.

다양한 분야의 사람을 모아 창조적인 아이디어를 위해 머리를 모으는 것과, 아이디어를 실현시키기 위해 협력하는 것은 전혀 다른 문제다. 사람들을 모아 흥미로운 아이디어를 창안하는 것은 쉽지만 아무리 멋진 아이디어도 결실을 맺지 못하면 아무 가치가 없다. 파티에 가면 늘 새로운 사업 아이디어를 늘어놓는 친구를 한두 명씩은 만날 것이다. 하지만 이런 아이디어를 실행할 능력이 없다면 선의로 무장한 아이디어라도 머지않아 잊히고 말 것이다.

이처럼 당신의 비즈니스에 행동과학을 적용할 아이디어가 떠올랐다면 아이디어를 실행할 팀을 꾸려야 한다. 물론 아이디어를 대규모로 실행하기 위해 여러 분야의 사람을 모은다는 것은 어려운 일이다. 응용행동과학은 아직 초기 단계에 있기 때문에 숙련된 인재가 많지 않다. 말하자면 행동과학 팀이 상당히 소규모인 경우가 꽤 있다는 뜻이다. 행동 문제를 이해하고 해결책을 고안해 실험을 실행하는 전문가 몇 명만으로도 작업은 효율적으로 진행된다.

이런 소규모 팀은 완벽한 통제가 가능하지만 전 세계적인 주요 조직의 문제를 해결할 때에는 그 규모를 쫓아가기 힘들다. 영국의 다국적 소매점인 테스코는 직원이 45만 명에 이르고 기업 매출은 569억 파운드에 달한다.[43] 테스코의 가치 제안, 혹은 고객들이 경쟁업체가 아닌 자사에서 쇼핑해야 하는 이유 중에는 조직 전반에 걸친 직원이 무수히 많다는 사실도 포함되어 있었다.

테스코의 가치 제안을 돕게 된 제즈와 코리 팀은 대규모 변화를 꾀하기 위해 무수한 이해관계자를 한데 모아 협력해야 한다는 난관을 마주했다.

테스코의 딜리버리 세이버 프로젝트

● ● ●

테스코는 영국에서 가장 큰 슈퍼마켓 체인으로, 시장 점유율이 27.4퍼센트에 이른다.[44] 테스코는 오프라인 매장을 7천 개 가까이 두고 있는데 영국에서는 편리한 온라인 식료품 쇼핑이 빠르게 성장하고 있다.[45] 아마존 프레시 같은 식료품 배송 서비스와 헬로 프레시 같은 식사 정기 배송 상품의 위협에 직면한 테스코는 차별화된 온라인 배송 서비스로 새로운 고객을 유치하면서 기존의 고객도 유지할 필요가 있었다.

넷플릭스 같은 정기 구독 서비스에서 영감을 받은 테스코의 딜리버리 세이버는 단골 고객이 주문 배달로 돈을 절약하도록 돕는다. 테스코의 딜리버리 세이버 고객은 매달 정기 배송료를 지불하면 가정에서 무제한 무료 배송 서비스를 받아볼 수 있다. 신규 고객은 체험 기간에 무료로 서비스를 받을 수 있다. 테스코는 행동과학을 활용해 사람들이 무료 체험 기간이 끝난 뒤에도 딜리버리 세이버의 혜택을 계속해서 받도록 권장하고자 했다.

딜리버리 세이버는 겉으로는 간단해 보일지 몰라도 테스코 조직 전반에 걸친 각기 다른 부서의 사람들이 관여하고 있었다. 마케팅 팀은 고객들에게 딜리버리 세이버에 대해 설명하면서 서비스를 체험해보고 이후 정기 결제 회원이 되도록 권한다. UX 팀은 웹사이트에서 식료품을 주문하고 딜리버리 세이버 체험 서비스를 시작하는 고객들의 경험을 세심히 살핀다. 일정 담당 팀은 주문 배달을 계획하고 배달원들은 식료품을 고객의 집 앞까지 배달한다. 마지막으로 주문에서 누락된 것이 있으면 고객이 고객관리센터에 전화해 해결책을 구한다.

고객들이 딜리버리 세이버에 대해 처음 전해 듣고 서비스를 받아본 뒤 평가하는 이 모든 과정에 수많은 이해관계자가 관련되어 있었다. 문제는 이 각기 다른 집단의 사람들을 한데 모아 당면한 문제를 이해하고 나누는 것이었다. 사람들은 행동과학을 활용해 문제에 접근해야 했다. 그러는 과정에서 제즈의 팀은 행동과학의 원리를 활용해 협력과 참여, 지원을 도모했다.

딜리버리 세이버 프로젝트는 테스코가 응용 행동과학의 힘을 입증하는 초기 개념 증명이었다. 개념 증명의 특성상 참여할 기회는 제한적이고 부족했다. 누구나 물건이든 자원이든 풍부한 것보다 부족한 것에 더 가치를 두기 마련이다.[46] 부족하다는 것은 사람들에게 그 가치를 인정받을 기회가 있다는 뜻이다. 행동과학을 적용하기 위해 아무리 고군분투한다 해도 한 사람이 모든 일을 도맡아 하기에는 한계가 있다.

고위급 이해관계자를 참여시켜라

• • •

우리는 그 분야에 정통한 권위자의 말이라면 더욱 신뢰하며 권위의 상징에 예민하게 반응한다. 예를 들어 사람들은 전문 지식을 상징하는 청진기를 착용한 의사를 그렇지 않은 의사보다 더욱 신뢰한다.[47] 따라서 프로젝트에 대한 이해관계자들의 신뢰를 얻기 위해서는 테스코의 고위급 이해관계자들을 참여시키는 것이 중요하다는 사실을 제즈는 알고 있었다. 당시 영국 테스코의 CEO이자 딜리버리 세이버의 단골 고객이던 맷 데이비스가 이 프로젝트에 관심을 보였다. 그렇다면 다른 이해관계자들도 덩달아 이 프로젝트에 관여하고 사업에 참여해 성공에 대한 믿음을 견지하고 싶어 할 가능성이 더 높을 것이었다.

조직의 공통 목표는 무엇인가

• • •

테스코처럼 거대한 조직에서 사람을 모았을 때 함께 일한 적이 없는 것은 물론이고 서로 얼굴조차 본 적 없는 사람도 많았다. 우리는 다양한 사회집단을 그들이 속한 맥락에 따라 파악한다. 마케팅 담당자는 마케팅 팀과 동일시하고, 고객관리센터 담당자는 운영 팀과 동일시하는 것이다. 따라서 서로 다른 집단의 사람들이 처음으로 함께 일하게 될 때에는 제대로 협력하지 않을 가능성이 높다.

이런 집단 간 행동 현상은 로버스 케이브Robbers Cave 연구에서 입증됐다.[48] 로버스 케이브의 여름 캠프에 참석한 소년들은 임의의 두 집단인 이글스와 래틀러로 나뉘었다. 일련의 경쟁에서 서로 대항하기 전에 두 집단은 각기 공통된 정체성을 공유했다. 오래지 않아 그들은 상대 집단을 향해 적대감을 갖게 됐다. 이렇게 사람들을 한두 집단에 무작위로 배정하고 그들 사이에 경쟁을 벌이는 것만으로도 두 집단 간의 불화를 조장할 수 있었다. 하지만 이런 불화는 두 집단이 공통된 목표를 달성하기 위해 협력해야 할 일이 생기자 즉시 신기루처럼 사라졌다. 현실 갈등 이론realistic conflict theory이라고 알려진 집단 간 갈등의 심리적 모델을 보여주는 이 원리는 조직의 각기 다른 분야에서 사람들을 한데 모을 때 유용하게 사용된다.

조직 내에서 서로 다른 직무를 수행하는 사람들은 함께 일해본 적이 없는 것은 물론이고 만나본 적조차 없을 수도 있다. 그들의 응집력을 높이기 위해 공통점을 강조하고 공통된 목표를 부여하라. 테스코의 다양한 집단이 모인 팀은 행동과학을 활용해 테스코의 딜리버리 세이버 서비스를 지원하고 변형하기 위해 힘을 모았다.

행동 해결책을 함께 고안하기 위해 테스코의 UX와 마케팅 데이터 및 운영 부서의 이해관계자 27명을 한 자리에 모은 뒤 제즈는 모든 사람에게 기대하는 바와 우려하는 바를 물었다. 이는 본질적으로 사람들이 회의에 마음을 쏟게 하는 간단한 방법이다. 일단 무언가를 달성하겠다는 약속을 구두 또는 서면으로 하고 나면 이런 약속과 일치하는 방향으로 행동할 가능성이 높기 때문이다. 이행 장치commitment device라고 알려진 이런 방법을 사용해 사람들에게 자신의 목표를 분명히 말하도록 요청하면 그 목표를 달성할 가능성이 더 높아진다.[49]

예를 들어 테스코 팀에게 바라는 바를 물었을 때 그중 한 명은 진정으로 혁신적인 해결책을 원한다고 답했다. 또 다른 사람은 자신의 직무에 적용할 새로운 기술을 익히고 싶다고 했다. 반면에 그들이 두려워하는 것은 너무 비싸거나 현실화가 불가능한 아이디어를 제안하는 것이었다. 사람들이 자신의 희망과 목표를 분명히 드러내자 목표를 달성할 가능성은 더욱 높아졌다. 그런가 하면 자신의 두려움을 정확히 인식한다는 것은 곧 그 두려움을 없애거나 받아들일 수 있다는 뜻이었다.

5장에서 살펴보았듯이 퀴즈를 이용해 사람들의 심리적 편향과 의사 결정의 지름길을 드러내는 것은 효과가 매우 강력하다. 제즈는 워크숍을 시작하면서 이해관계자 27명에게 그들 역시 이런 약점에 취약하며, 실제로 누구에게나 이런 약점이 있다는 사실을 알렸다. 사람들은 퀴즈의 함정에 빠졌음을 시인하고 손을 들었고, 이런 행동과학 원리의 타당성을 부인하기 힘들다는 사실을 인지했다.

인지 부조화[50]라 알려진 이 현상은 두 가지 모순되는 믿음을 동시에 견지하기 힘들기 때문에 벌어진다. 테스코 조직 전반의 다양한 집단을 한자리에 모으면서 워크숍을 퀴즈로 시작한다는 것은 그 자리에 참석한 모든 사람이 같은 출발선상에 선다는 뜻이었다. 이렇게 그들은 시작부터 행동과학을 도구로 사용하게 됐다.

마찰 지점 파악하기

• • •

테스코의 최종 의사 결정자가 이 모든 과정의 시작부터 참여하는 것이 중요했다. 아이디어를 처음 고안할 때부터 최종 의사 결정자들을 관여시키면 그들이 최종 개념에 가치를 둘 가능성이 컸다. 무언가에 익숙해질수록 호감은 높아진다. 이를 **단순 노출 효과**mere exposure effect[51]라 부르는데, 누구든지 자주 만난 사람에게 더욱 호감이 가고 자주 들은 노래를 더 좋아하며 자주 노출된 아이디어일수록 더욱 호응을 보이기 마련이다. 따라서 아이디어에 대해 거부권을 행사할 수 있는 테스코의 이해관계자들을 아이디어의 초기 고안 단계부터 관여시킬 필요가 있다.

회의가 시작되기 전에 코리 팀은 테스코 홈페이지의 배너 광고부터 직접적인 이메일 소통 등 고객을 상대하는 과정에서 25가지가 넘는 마찰 지점을 파악했다. 딜리버리 세이버 서비스의 무료 체험 기간이 끝나갈 무렵, 고객들은 정기 배송 서비스 가입을 권유하는 이메일을 받았다.

필요한 정보는 모두 담고 있지만 이 이메일에는 무료 체험에서 정기 배송 서비스로 전환을 방해하는 몇 가지 인지적 마찰 지점이 있다. 먼저 다른 고객들이 딜리버리 세이버로부터 받는 혜택 등을 알리는 내용이 어디에도 없다. 배송 차량의 그림이 삽입되기는 했지만 딜리버리 세이버가 제공하는 효율적이고 친절한 무제한 서비스 혜택을 알리는 그림은 보이지 않는다. 여기에 무료 체험 기간이 끝나면 그동안 누린 혜택을 잃게 된다는 사실이 강조되지 않았기에 고객들은 정기 배송 서비스를 신청할 절박함을 전혀 느낄 수 없다.

이런 마찰 지점을 지적하면서 제즈는 다양한 이해관계자 집단에게 이런 마찰이 생긴 이유를 설명할 기회를 주었다. 가령 다른 고객들을 예로 드는 것은 데이터 보호 차원에서 하지 못했을 수도 있고, 아니면 콘텐츠 관리 시스템을 변경해 특정 고객의 데이터를 추가하는 것이 불가능했을지도 모른다. 제대로 된 이해관계자가 있다는 것은 문제의 근원을 알아보고 새로운 아이디어가 실현 가능한지 확인할 수 있다는 뜻이었다.

고객님의 딜리버리 세이버

아르테아가 님

고객님의 딜리버리 세이버 서비스 무료 체험 기간이 7월 25일에 종료될 예정입니다.

체험 기간 동안 고객님이 받아보신 혜택은 다음과 같습니다.

- 테스코 식료품 40파운드 이상 주문 시 무제한 무료 배달 서비스
- F&F 의류의 클릭 앤 콜렉트나 테스코 가정용품 10파운드 이상 주문 시 익일 무료 발송 서비스
- 와인 상자 무료 익일 배송

무료 체험 기간 받아보신 서비스에 만족하셨다면 한 달에 2.5파운드밖에 안 되는 비용으로 1년 내내 방대한 혜택을 누리시기 바랍니다. 딜리버리 세이버의 보증 제도도 잊지 마세요. 배송료나 클릭 앤 콜렉트 비용보다 더 많은 비용이 들어갔다면 차액만큼 식료품 e쿠폰을 지급해드립니다. 딜리버리 세이버에서 손해를 볼 걱정은 안 하셔도 됩니다.

감사합니다.

딜리버리 세이버 팀

가장 최적화된 이메일

• • •

심리적 통점을 이해한 뒤에 사람들은 다섯 개의 팀으로 나뉘었다. 제즈는 각 집단에 다양한 분야의 이해관계자들이 섞이도록 신경 썼다. 각 집단은 이번 여정의 각기 다른 부분을 도맡았다. 행동과학에 대한 새로운 지식으로 무장한 이들 집단은 문제에 대한 집단적 이해를 바탕으로 이메일을 바꿨다.

새로운 이메일에서는 이전 이메일에서 드러난 문제가 모두 해결됐다. 무료 체험 기간 종료를 막대한 손실로 드러내기 위해 "무제한 무료 배송 서비스를 놓치지 마세요"라는 눈에 띄는 머리글을 추가했다. 손실은 같은 금액의 이익보다 두 배 더 강하게 느껴진다.[52] 따라서 체험 기간 종료를 손실로 표현하는 것은 고객들이 정기 배송 서비스를 신청하도록 동기 부여하는 효과적인 방법이다.

딜리버리 세이버가 제공하는 혜택을 알리기 위해 친절한 배송 담당자의 모습을 추가하여 고객이 식료품을 받는 열성적 상태에 놓이게 했다. 더군다나 담당자는 웃고 있다. 우리에게 얼굴 표정 흉내facial mimicry 능력이 있다는 것은 상대방의 웃는 얼굴을 보면 우리도 덩달아 웃게 된다는 뜻이다.[53] 따라서 웃는 얼굴을 마주한 고객들은 딜리버리 세이버의 서비스를 더욱 긍정적으로 느낄 확률이 높았다.

딜리버리 세이버

무제한 무료 배송 서비스를
놓치지 마세요.

딜리버리 세이버의
고객들은 매년 평균
76.44파운드를
절약합니다.

아르티아가 님께

귀하의 30일 무료 체험 기간이 끝나가고 있습니다. 고객님이 딜리버리

세이버 플랜에 가입하여 혜택을 계속 받을 수 있는 기회를 놓치지 않도

록 몇 가지 안내해드리겠습니다.

내 플랜 비용	배송료	절약한 비용
0파운드	99.99파운드	99.99파운드

절약을 계속할지 결정할 시간이 7일밖에 남지 않았습니다.

딜리버리 세이버는 고객님이 매번 배송료를 따로 지불할 필요 없이 주

문하신 모든 제품을 문 앞에서 받아볼 수 있는 가장 간단한 방법입니다.

고객님에게 가장 적합한 딜리버리 세이버 플랜을 선택하여 기존의 혜택

을 계속 누리세요.

고객님이 받은 혜택

식료품 무료 배송	테스코 무료 직배송	테스코 와인 상자 무료 배송

우리는 유아기 때부터 사람들의 시선을 쫓는 공동 주의joint attention 능력이 있기 때문에[54] 우리의 눈길은 여지없이 상대방의 시선을 따라간다. 이메일에도 무언가를 바라보는 여성의 사진을 게재해 고객의 시선이 "딜리버리 세이버의 고객들은 매년 평균 76.44파운드를 절약합니다"라는 문구로 자연스레 옮겨가게 했다. 이러한 비용 절약을 사회적 규범으로 강조하면서 다른 사람들이 이 서비스를 통해 혜택을 받고 있음을 알리는 것이다. 또한 어림수보다 구체적인 숫자가 더욱 믿음이 간다는 점을 감안해 절약된 비용을 작은 단위까지 정확히 언급했다.[55]

작은 조정, 큰 성과

• • •

코리의 행동 설계 책임자 라피 마치Raphy March 는 가치를 재설계해 변화를 이끄는 데 중요한 역할을 했다. 이렇게 이메일만 변경했을 뿐인데 무료 체험에서 유료 요금제로의 전환 비율이 10.2퍼센트 증가했다. 당시 테스코 영국 CEO이던 맷 데이비스는 딜리버리 세이버의 고객으로서 새로운 이메일을 받아보았는데, 이전 이메일과의 차이가 "분필과 치즈의 차이와 같다"고 말해 눈에 띄는 변화가 일어났음을 증명했다. 행동과학이 딜리버리 세이버 서비스에 어떻게 적용됐는지 알리는 보고서는 테스코의 이메일 및 유지 관리 책임자인 조지아 토머스Georgia Thomas가 작성했다. 이렇게 해서 워크숍에 참석한 모든 이해관계자가 노력의 결과를 확인할 수 있었다.

첫 브리핑에서 최종 보고서에 이르기까지 이런 대규모의 프로젝트를 완수할 수 있었던 것은 테스코의 여러 분야에 걸친 팀을 끌어모은 덕분이었다. 이전에 한 번도 함께 일해본 적 없는 테스코의 다른 팀 직원들은 행동과학을 활용해 딜리버리 세이버의 제안에 변화를 주기 위해 모였다. 그들은 공통된 목표의 공동 수행을 촉진하는 환경을 만든 뒤 행동과학의 도구를 활용해 변화를 이뤄냈다. 이번 성공은 클럽카드 제안이라는 또 다른 프로젝트로 이어졌고 테스코는 기꺼이 혁신을 추구하고자 하는 의지를 품고 어느새 영국에서 행동과학의 가장 큰 지지자가 됐다.

하우투 넛지 ┃ 다양한 분야의 팀을 자극하는 기술

34 희소성을 이용해 참여를 유도하라

우리는 풍부한 것보다 부족한 것에 더 높은 가치를 둔다.[56] 물건은 물론이고 경험도 마찬가지다. 행동과학을 적용하는 혁신적인 프로젝트에 참여하는 것이 드문 기회로 비치면 사람들은 더욱더 그 기회에 참여하려 할 것이다.

이렇게 참여를 유도하는 방법은 두 가지가 있다. 첫째, 사람들에게 개인적으로 접근해 그들의 자부심에 호소하는 것이다. 상대방에게 여덟 명을 엄선하는 집단에 합류하는 것이 놀라운 기회임을 설명하면서 이 기회를 놓치지 않길 바란다고 말하라. 누구나 자부심을 높이는 말에 극도로 민감하기 때문에 이런 접근법은 잘 나서지 않는 사람들을 자극하는 데에도 유용하다.

두 번째, 이 기회를 모든 사람에게 알릴 수도 있다. 50명 정도 되는 팀원 중에 혁신적인 프로젝트에 참여할 여덟 명을 모집 중이라고 모두에게 알리면서 지원하고 싶은 사람이 있는지 묻는 것이다. 두 가지 모두 희소성을 이용해 사람들의 참여를 유도하는 유용한 방법이다.

35 권위 있는 전달자의 후원을 받아라

누구나 권위 있는 위치의 사람을 그렇지 않은 사람보다 더 신뢰하는 경향이 있다는 사실을 감안하면[57] 권위 있는 이해관계자를 처음부터 참여시키는 것도 이목을 끄는 한 방법이다. 프로젝트의 신뢰성을 높이면서 사람들의 참여를 유도할 인물이 누구인지 생각해보라. 그런 인물은 부서 책임자일 수도 있고 CEO일 수도 있다.

전달자라는 그들의 권위에서 혜택을 얻는 방법은 그들이 시간을 얼마나 할애할 수 있는지에 따라 달라진다. 그들이 프로젝트에 물리적으로 참여하게 할 수도 있고 아니면 그저 그 인물의 이름을 들먹이는 것으로 그칠 수도 있다. 권위 있는 인물들이 이 프로젝트와 그 결과에 상당한 관심을 보이고 있다고 언급하면서 조만간 그들에게 프로젝트에 대한 소식을 전할 것이라 말하는 것도 강력한 자극이 될 수 있다. 이런 식으로 **권위자 편향**authority bias을 활용하면 다양한 분야에 걸친 팀이 해당 프로젝트에 더욱 관심을 갖고 시간과 노력을 투자할 것이다.

36 확실한 참여를 위해 약속할 것을 요구하라

무언가를 하겠다고 약속하고 나면 아무리 작은 일이라 해도 계속해서 시간과 노력을 투자할 가능성이 높다.[58] 다양한 이행 장치를 활용해 팀을 자극하고 그들의 확실한 참여를 유도하라. 초청 이메일에서 참여를 클릭하게 하는 것도 한 방법인데, 앞서 4장에서 본 것처럼 워크숍을 시작하면서 사람들에게 바라는 점과 우려되는 점에 대해 묻는 것과 같은 이치다. 마찬가지로 워크숍이 끝난 뒤 개개인에게 책임지고 완수할 과제를 부여할 수도 있다. 이런 넛지를 통해 팀원들은 프로젝트의 결과에 노력을 쏟아부었다는 느낌을 무의식적으로 받을 것이다.

Chapter 13

넛지 스탬프
효과

시차로 인해 몸을 제대로 가누기도 힘든 상태에서 제즈는 소형 버스에 올랐다. 초콜릿을 제조하는 곳이라 짐작되는 산티아고의 한 공장으로 향하는 길이었다. 그는 식품 제조업체의 손 위생을 개선하기 위해 행동 개입을 고안하는 업무를 맡고 칠레에 도착했다. 기본적으로 제즈의 임무는 그곳의 근무자들이 손을 씻게 만드는 것이었다.

잘 알지 못하는 스페인어로 띄엄띄엄 대화를 해보니 그가 가는 곳은 초콜릿 공장이 아닌 농업 공장이었다. 어릴 때 영화에서 본 괴짜 초콜릿 공장 주인을 만나게 되리라는 기대가 산산조각이 난 제즈는 또다시 펼쳐질 지루한 하루를 감내하며 복잡한 브로콜리 처리 공정이나 알게 되겠거니 생각했다.

"건식 구역으로 가보시겠어요?"

말에서도 강한 의지가 느껴지는 오스트레일리아인 고객이 물었다.

"그러죠."

제즈가 대답했다.

"습식 구역은 어떠세요?"

고객이 물었다.

"네, 좋습니다."

대답하면서 제즈는 브로콜리가 습해지면 얼마나 습해진다는 건지 의아해했다.

"도살 구역에 가보는 것도 괜찮으신가요?"

이런, 생물학적으로 브로콜리는 엄연히 살아 있는데 이걸 죽여야 한다니 무슨 소리인지 납득이 가지 않았다. 살짝 당황한 제즈를 태운 소형 버스는 사막 한가운데에 있는 이름 없는 창고 앞에 멈춰 섰다. 서서히 실상이 드러났다.

그들이 도착한 곳은 돼지 도살장이었다.

지저분한 컨설팅

• • •

행동과학을 현실 세계에 적용하려면 먼저 행동 개입을 수행할 상황을 직접 겪어봐야 한다. 행동 개입을 하기에 썩 매력적인 장소가 아니라 해도 소매를 걷어붙이고 곧장 뛰어드는 것이 중요하다. 제즈는 이를 '지저분한 컨설팅'이라 부른다.

학계는 물론 응용행동과학 분야에서 내놓은 증거를 보면 알 수 있듯이 개입은 관련 맥락에 대한 의존도가 매우 높다. 스웨덴의 한 공장에서 손 위생을 개선하기 위해 시행한 개입이 중국에서는 완벽히 실패할 수도 있다. 그 맥락을 직접 경험하고 나면 성공할 가능성이 없는 아이디어를 신속히 제거하기에 수월하다.

돼지 도살장 근무자들의 손 위생을 개선하기 위해 행동 개입을 도입한 이 이야기는 넛지 이론을 현실 세계의 상황에 실제로 적용하는 과정을 처음부터 끝까지 담았고, 더불어 앞서 자세히 살펴본 여러 개념 및 원리도 망라했다. 이번 장에서는 이론의 도움으로 행동 문제를 진단하는 방법과 행동 변화의 틀을 적용해 해결책을 고안하는 방법까지 이야기하고자 한다.

대체로 넛지 이론은 간단한 것이 가장 좋다. 최소한의 개입은 간단해 보일지 몰라도 수없는 반복을 감내하고 막다른 길을 무수히 만난 결과다. 겉으로는 간단해 보여도 이 명쾌한 해법에는 여러 다른 국면이 있고 유동성이 있다. 이런 해법은 모두 이론과 깊은 고민, 협력이라는 단단한 토대 위에 마련된 것이다.

도살장 근무자들이 손을 씻게 하려면?

● ● ●

제즈는 식품 제조업체에 위생적 해법을 제시하는 세계적 업체와 일하고 있었다. 식품 매개 질병은 매년 수만 명의 목숨을 앗아간다고 알려져 있으며[59] 그중 상당수가 오염된 손을 통해 전염된다고 한다.[60] 제즈는 행동 개입을 고안해 손 위생 문제를 해결하는 업무를 맡았다.

이번 업무에서 제즈와 긴밀히 협력한 사람은 피트 다이슨Pete Dyson으로, 실용을 중시하는 지리학자이자 트라이애슬론에 변함없는 열정을 자랑하는 인물이었다.

현장 방문: 행동 검사

칠레에 도착한 다음 날, 제즈와 피트는 도살장을 방문했다. 근무자들이 손을 제대로 씻지 않는 이유를 파악하기 위해 그들 중 일부와 인터뷰하여 근무자들의 일과를 경험하는 것이 중요했다. 건식 구역과 습식 구역, 도살 구역을 방문해보기로 한 그들은 복장을 완벽히 갖춰야 했다. 범죄 현장 감식반을 떠올리게 하는 복장은 순백의 장화와 일체형 작업복, 눈 부분만 뚫린 모자로 되어 있었다. 이렇게 눈만 보이는 상황에서는 동료와 소통하기가 힘들 것임을 짐작할 수 있었고 실제로 근무자들이 대화하면서 손짓을 많이 쓰는 모습이 보였다.

그들이 덜커덕거리며 살균된 환경을 돌아보기 시작하자 고위 관계자들은 손 위생을 개선하기 위한 교육이나 태도 변화 같은 접근법이 대부분 효과가 없었다고 귀띔했다. 돼지를 도살하는 작업은 그 자체로 체력이 많이 소모되고 소음도 심했으며 돼지 사체가 바닥을 구르는 소리가 배경음처럼 끊임없이 울렸다. 이 본능적이고 거친 분위기 속에서 머리부터 발끝까지 새빨간 옷을 입은 한 사람이 일을 하고 있었다. 그야말로 도살자의 모습이었다. 제즈의 팔뚝 길이만 한 칼을 든 그의 유일한 역할은 이미 죽은 돼지를 칼로 찔러 피를 빼내는 것이었다. 그 구역을 지나는 사이 일행 일부의 복장과 얼굴에 피가 튀었다. 이런 환경에서 매일매일 시간을 보낸다는 것이 감정적으로 진이 빠지는 일임은 분명했다.

휴식 구간에서는 비번인 근무자들이 담배를 피우며 탁구 게임에 열을 올리고 있었다. 통역가의 도움으로 그중 몇 명과 인터뷰를 한 결과, 그들이 부족한 시간 때문에 손을 잘 씻지 않는다는 사실을 파악할 수 있었다. 휴식 시간인 10분 동안 그들은 담소를 나누거나 담배를 피우거나 탁구를 치다가 교대할 시간이 다가오면 황급히 화장실에 다녀오는 것이 전부였다. 모든 근무자가 이렇게 움직이면 손 씻는 곳에 사람들이 갑자기 몰려서 다급한 마음에 손을 꼼꼼히 씻어내기가 힘들었다. 더군다나 근무자들이 손을 제대로 씻도록 돕는 장치가 전혀 없었다. 그러다 보니 다들 손을 간단하게만 씻는 것이

용인되는 사회적 규범이 조성되고 말았다.

　제즈와 피트는 호텔로 돌아와 그날 살펴본 시설을 돌이키면서 고위 관계자 및 근무자와 나눈 이야기, 그들이 직접 관찰한 바를 통해 알게 된 사실을 분석했다. 그들의 개입은 교육이나 태도 변화를 넘어서야 했다. 소음이 심해 의사소통이 힘든 환경에서도 효과가 있어야 했다. 더욱이 휴식 시간이 제한적이라는 상황과도 잘 어우러져서 손 씻기를 게을리하는 지금의 규범을 타파할 수 있어야 했다.

워크숍 : 개입 고안하기

　다음 날 그들은 고객과 함께 워크숍을 열어 개입 아이디어를 구상했다. 워크숍이 열리기 전에 피트와 제즈는 문제를 진단하는 데 도움이 되는 행동 이론이 무엇인지 파악했다. 손 씻는 문제에서는 습관이 중요하다는 사실을 감안해 해리 트리안디스Harry Triandis의 대인 행동 이론Theory of Interpersonal Behaviour을 선택했다.[61] 인간 행동에 대한 여러 이론과 달리 대인 행동 이론은 습관의 역할과 습관이 행동에 미치는 영향을 고민한다. 피트와 제즈는 워크숍을 위해 이 이론을 간단히 정리하고 여기에 탁상 조사 및 현장 방문으로 알게 된 사실을 추가했다.

　행동과학을 처음 접하는 고객과 함께 일할 때는 일을 시작하기 전에 그들에게 행동과학의 기본 지식을 알리는 것이 좋다. 피트와 제즈는 워크숍 시작 전에 고객들에게 짤막한 문헌 연구 자료를 보내 행동과학의 핵심 개념에 대한 기초 지식을 알렸다. 더불어 워크숍을 시작하면서 앞서 5장에서 보았듯이 우리가 인식하지 못하는 사이 보편적으로 드러내는 심리적 편향과 휴리스틱에 대한 퀴즈를 냈다. 제즈의 경험상 이런 퀴즈는 그 자리의 모든 사람이 행동과학의 기본 지식을 습득할 확실한 방법이었다.

그런 다음 4장에서 알아본 MINDSPACE를 활용해[62] 아이디어를 고안하면서 40가지가 넘는 개입 방법을 생각해냈다. 워크숍의 사회자로서 피트와 제즈는 핵심 주제를 종합하여 일곱 가지 아이디어로 나눴고 이들 아이디어를 더 발전시켰다. 장래성이 가장 좋은 개입 방법을 선정하기 위해 일곱 가지 아이디어를 대인 행동 이론과 대조해본 뒤 선정 기준에 따라 평가했다.

세균 스탬프

• • •

그중에서 한 가지 아이디어가 유독 두드러졌다. 휴식 시간마다 근무자들의 손에 씻어낼 수 있는 스탬프를 찍는 것이다. 박테리아의 흉측한 모습이 그려진 이 스탬프는 보는 사람에게 혐오감을 안겨준다. 스탬프는 근무자들이 손을 씻게 하는 것은 물론이고 세균 모양이 다 지워질 때까지 오랜 시간 충분히 씻게 하여 손을 씻는 기본 시간을 설정하는 시각적 자극제로 기능한다. 스탬프는 손을 씻었는지 안 씻었는지를 분명히 알려주기 때문에 사람들은 누가 손을 씻지 않았는지 바로 알아볼 수 있다. 그대로 남아 있는 스탬프 자국은 수치심을 유발하기 때문에 손을 빈틈없이 씻어내야 한다는 사회적 규범이 형성된다. 더군다나 이런 행동이 반복되면 습관이 된다고 그들은 가정했다.

아이디어 실행하기

고안한 아이디어에 한껏 고무된 그들은 고객들과 작별하고 런던으로 돌아와 스탬프를 만들었다. 6장에서 살펴보았듯이 아이디어를 실행하는 능력을 갖추는 것이 중요했다. 온갖 비유를 끌어다가 꿈에 그리던 혁신을 생각해낸다 해도 이를 실행하지 못한다면 행동을 바꿀 수 없다.

그들은 제작부서에 대장균과 살모넬라균, 리스테리아균 등 문제가 되는 박테리아를 극적으로 표현해서 보이지 않는 것을 보이게 만드는 스탬프 디자인을 의뢰했다. 피부에는 물론이고 먹어도 안전한 잉크의 공급처도 수소문했다. 잉크가 적절한 시간 안에 지워지는 것도 중요했다. 너무 빨리 지워지면 사람들이 손을 충분히 씻지 않을 것이고 너무 안 지워지면 스탬프를 씻어낼 수 없다는 사실에 불만을 터뜨릴 수 있었다. 다행히 30초 정도 씻으면 지워지는 잉크를 발견한 그들은 그중에서 매력이 없는 색깔을 골랐다. **생태학적 유**

의성 이론ecological valence theory[63]에 따르면 사람의 색상 선호도는 이전의 정서적 연관성에서 영향을 받는다. 이 사실을 기초로 그들은 대다수 근무자들이 갈색에 부정적인 정서적 애착을 보이리라 예상하고 갈색 잉크를 선택했다.

개입 및 측정

칠레에서 행동 검사를 하는 사이, 과테말라의 고기 가공 처리 공장에서 이 개입을 그대로 시행했다. 공동 영역에 포스터를 부착해 스탬프 계획의 중요성을 알리고 세 가지 박테리아도 소개했다. 비교적 고위급 관계자인 한 사람이 근무자들에게 손 씻기의 보조 도구로 스탬프를 소개하게 해서 **전달자 효과**messenger effect를 활용하기도 했다.

개입의 효과를 입증하기 위해 개입의 결과를 측정하는 것도 중요했다. 처음에는 손 씻기의 빈도 및 시간을 파악하고자 감시 방법을 사용했지만 이런 측정법은 본질을 흐릴 수 있었다. 이번 개입은 손을 더 많이, 자주 씻게 하는 것이 목표이기는 했지만 궁극적 목표는 손의 박테리아 수를 줄이는 것이었고, 10장에서 보았듯이 가장 쉬운 눈앞의 결과물이 아니라 개입의 진정한 결과를 측정하는 것이 중요했다.

따라서 그들은 개입 기간 중에, 그리고 개입이 끝난 후에 근무자들의 손에 남아 있는 박테리아 수를 측정했다. 근무자들의 손을 면봉으로 닦아낸 뒤 실험실에서 미생물학적 실험을 행했다. 총 균수의 위험 한계는 한 손당 1,000CFU 이상이었다. 그들이 개입을 시작하기 전에 이런 위험 한계를 넘어선 근무자는 전체의 25퍼센트였다. 스탬프를 찍는 개입이 진행되는 동안에는 위험 한계를 넘는 근무자가 9퍼센트에 불과했고 박테리아 수가 줄어든 근무자는 63퍼센트였다. 12일 뒤에 스탬프가 철수됐고 이후 시행된 미생물학적 실험의 결과, 대부분의 행동 변화가 계속 유지되고 있었다.

하우투 넛지 ┃ 행동 개입을 진단하고 고안하고 측정하기

행동과학을 현실에 적용하고자 한다면 다음의 세 단계를 따를 수 있겠다. 첫째, 행동 검사로 문제를 진단하라. 둘째, 행동 설계로 문제를 해결하라. 셋째, 개입의 결과를 측정하라.

37 행동 검사로 문제를 진단하라
우선 적절한 이론이 무엇인지 파악하라. 이론은 문제를 진단하고 개입의 방향을 제시하는 데 사용된다. 더불어 이론은 개입이 어떻게, 왜 효과적인지도 설명해준다. 다시 말해 이론을 활용하면 행동의 기제를 분명히 밝힐 수 있다.

이번 사례의 경우, 손을 씻는 행동에는 습관이 중요하다는 사실이 조사 결과 드러났다. 이에 따라 피트와 제즈는 습관이 행동에 미치는 영향에 초점을 맞춘 이론을 찾아보았다. 트리안디스의 대인 행동 이론[64]이 바로 그것이다. 이 이론의 강점 중 하나는 복잡한 행동이 사회적, 환경적 요소의 결과임을 설명할 수 있다는 것이다. 그들은 대인 행동 이론을 초기의 조사 및 현장 방문 시에 기본 구조로 활용해 문제를 진단했다. 더불어 각 개입 아이디어를 이 이론과 대조하면서 문제를 전반적으로 해결할 아이디어가 무엇인지 파악했다.

문제에 열정적으로 파고들어 개입할 상황을 직접 경험하는 것 역시 중요하다. 그들이 산티아고에 있는 도살장을 직접 방문하지 않았다면 전혀 어울리지 않는 개입을 고안할 수도 있었다. 워크숍에서 나온 아이디어 중에는 음악을 틀어서 근무자들이 손을 좀 더 꼼꼼하고 빠르게 씻게 하자는 것도 있었다. 하지만 도살장에 직접 가 본 그들은 어떤 음악 소리든 쉼 없이 울리는 소음에 파묻히고 말 것임을 바로 알 수 있었다. 이런 지식을 바탕으로 음악을 틀자는 아이디어를 바로 탈락시킬 수 있었다.

비슷한 맥락에서, 해당 상황과 문화를 직접 경험해봤기 때문에 스탬프가 암시하는 인간 낙인human branding의 사회적, 문화적 함의에 대한 토론을 제시할 수 있었다. 공장 관리자 및 근무자와 함께 토론한 결과 서로 손에 스탬프를 찍어주면 소속감과 친밀함을 느끼면서 사회적 규범은 강화할 수 있다는 결론에 이르렀다.

이번 사례는 가능하다면 언제든지 소매를 걷어붙이고, 지저분한 컨설팅에 뛰어들어 통찰력을 모으고, 어떤 개입이 효과적일지 실질적으로 이해한다면 분명 혜택을 얻을 수 있음을 알려준다.

38 행동 설계로 문제를 해결하라

다 함께 협력하여 문제를 해결하기 위해 누구나 쉽고 빠르게 이해할 수 있는 도구를 활용하는 것도 한 방법이다. 손 씻기 워크숍에서는 MINDSPACE[65]를 활용해 생각을 모았다(그림 13.1 참고). 가장 종합적인 틀이라고 할 수는 없지만 사용하기 간편한 데다 초심자도 이해하기 쉽다. 고객들은 이 틀을 활용해 아이디어를 줄줄이 생각해냈는데, 제즈는 워크숍 진행자로서 무게 중심을 파악해 그중 핵심 아이디어를 추렸다.

행동 개입의 몇 가지 실행 가능한 아이디어를 고안한 다음에는 어떤 아이디어를 선택해야 할까? 아이디어를 모두 시험하는 것은 비용도 많이 들고 실용적이지도 않다. 따라서 상호 합의하여 선택 기준을 정할 필요가 있다.

워크숍에서 그들은 각각의 아이디어를 대인 행동 이론과 대조해 점수를 매겨서 어떤 아이디어가 전반적인 문제를 해결할 수 있는지 알아보고자 했다. 더군다나 제즈와 피트는 현장을 방문한 경험에 비추어 실행 불가능해 보이는 아이디어를 바로 탈락시켰다.

MINDSPACE	현저성 Salience
폴 돌란 교수와 세계 유수의 행동과학자들이 학계 외의 상황에서 심리적 통찰을 적용할 수 있도록 이 틀을 개발했다.	우리는 참신한 것, 자신과 관련 있어 보이는 것에 끌린다.
전달자 Messenger	**유도** Priming
우리는 정보를 전달하는 사람으로부터 상당한 영향을 받는다.	우리의 행동은 종종 무의식적 암시의 영향을 받는다.
인센티브 Incentives	**정서** Affect
인센티브에 대한 반응은 강한 손실 회피 같은 예측 가능한 인식의 지름길을 따라 형성된다.	우리의 감정적 연관성이 행동을 강력히 형성한다.
규범 Norms	**약속** Commitment
우리는 타인이 하는 행동에서 강한 영향을 받는다.	우리는 공적인 약속과 이에 상응하는 행동 사이에 일관성을 추구한다.
기본값 Defaults	**자아** Ego
우리는 사전 설정된 선택지를 '그대로 따른다'.	우리는 자기 자신에게 만족을 느낄 수 있는 행동을 한다.

그림 13.1 혁신적인 아이디어를 위해 MINDSPACE 틀 활용하기

마지막으로 아이디어를 실제로 실행할 수 있는지 확인해보라. 아무리 멋들어진 행동 개입 방법이라 해도 실행할 수 없다면 공들여 고안해봐야 아무 소용이 없다. 6장에서 살펴보았듯이 아무리 위대한 아이디어도 야심만 앞서면 실패하고 만다. 제즈와 피트는 제작 부서와 연이 닿아 있었기에 비교적 수월하게 스탬프 아이디어를 고안할 수 있었다. 이 방법은 규모를 조정할 수 있었고 실행 비용도 상

당히 저렴했다.

39 결과를 측정하기 위해 실험을 진행하라

무엇이 됐든 가장 쉽고 저렴한 결과를 측정하고픈 유혹이 들겠지만 애초에 바꾸고자 한 행동과 직접적으로 연관된 결과를 측정하라. 이번 사례에서는 근무자들에게 손을 어떻게 씻는지 직접 묻거나 그들을 관찰하거나 아니면 CCTV로 그들의 행동을 측정할 수도 있었다. 하지만 가장 중요한 결과는 손의 박테리아 수를 줄이는 것이었다. 막대한 비용이 초래된다 해도 박테리아 수를 측정하는 것이 가장 적절한 방법이었다.

더군다나 도살장에서는 이미 매달 면봉 검사를 실시하고 있었다. 따라서 근무자들의 손에서 면봉으로 샘플을 채취한다고 해도 그들이 느닷없이 감시를 당한다는 느낌을 줄 우려는 없었다. 실험에서 피실험자들이 감시를 받고 있다는 사실을 알고 나면 행동이 달라진다는 것은 이미 밝혀진 바 있다. 호손 효과Hawthorne effect라고 불리는 이런 현상은 은밀하거나 자연스러운 관찰을 진행해 피할 수 있다.

개입 기간 동안 행동이 바뀐 것은 분명 큰 성과지만 이후의 상황도 그에 못지않게 중요하다. 개입이 끝난 뒤 모든 것이 평상시로 돌아간다면 개입은 거의 또는 아무 의미가 없다. 행동 변화를 도모한 개입이 호응을 얻지 못한 나머지 결국 개입이 끝나자마자 이전의 행동이 그대로 돌아오는 경우도 수두룩하다. 이번 사례에서는 손도 장이 없어지고 10일 후까지 변화된 행동이 지속됐다. 개입이 끝난 뒤에도 가능하면 언제든 추적 검사를 진행해 변화가 지속되는지 알 아보라.

이후 일어난 일

• • •

손 씻기 습관은 개입으로 대폭 개선됐고, 개선된 행동은 스탬프 가 없어진 뒤에도 지속됐다. 당연히 제즈는 이 사실에 열광했다. 전 세계적인 손 위생 시장에 그들의 해결책이 얼마만큼의 가치가 있는 지 알아본 결과 이 해결책이 1,280억 파운드의 값어치가 있으며 사 회적으로도 막대하게 긍정적인 영향력이 있다는 사실을 알고 소스 라치게 놀랐다. 요컨대 이번 사례 연구는 그들의 이름을 전 세계에 확고히 알리는 계기가 될 것이었다.

제즈는 이번 성과에 자부심을 느끼면서 기회가 있을 때마다 이에 대해 이야기했고 대행사의 임원진 한 명에게도 그 사실을 알렸다. 그의 말을 들은 임원은 얼떨떨한 표정을 짓더니 자신이 몇 년 전에 칸 광고제에서 그와 비슷한 내용에 대해 들어본 적이 있다고 말했 다. 그 말에 경악한 제즈는 부리나케 노트북을 열어 정신없이 검색

했다. 얼마 지나지 않아 경쟁사에서 진행한 유사한 실험이 상을 받았다는 사실을 알게 됐다. 세균 스탬프라 이름 붙여진 이 실험은 싱가포르 학생들의 손 위생 상태를 개선하기 위해 고안된 것이었다.

치열한 자기 분석 끝에 제즈는 어렵사리 깨달음을 얻었다. 어떤 발견을 모방하는 능력이 학계에서는 칭찬할 만한 것이지만 창작 업계에서는 수치스럽기 그지없는 일이었다. 그럴 의도가 아니었다 해도 그들이 누군가의 아이디어를 베낀 것은 사실이었다. 그러니 지적 재산권 주장이 턱도 없는 것임은 물론이고 식중독을 줄이기 위한 스탬프 아이디어를 대규모로 실행하는 것 역시 꿈도 꿀 수 없는 일이었다.

이번 일을 계기로 제즈는 민간 부문에 행동과학을 적용하는 실무진도 학계에서 무언가 배울 점이 있겠다는 데에 생각이 미쳤다. 개입 아이디어를 모방해 각기 다른 상황이나 사람들에게 적용하는 것은 더없이 반가운 일이다. 그렇게 하면 우리가 지속적으로 행동 변화를 혁신하고 개혁하는 데 큰 도움이 될 것이다. 우리가 시행한 개입이 성공했든 실패했든 상관없이 공익을 위해 널리 공유된다면 모든 사람이 혜택을 누리지 않겠는가.

사람과
기업을 살리는
넛지

미국의 가족 관계 상담 전문가 제시 포터Jessie Potter 라는 1981년에 한 강연에서 이렇게 말했다.

"항상 해오던 것만 하면 결과는 항상 똑같을 것이다."

이것은 미국의 가족 관계에 관한 말이지만 보건 및 안전 등 비즈니스의 여러 국면과 연관 지어 이야기할 수도 있다. 흔히 보건 및 안전 규약을 반복적으로 상기시키면서 동시에 폭넓은 교육을 진행하면 직원들이 충분히 안전하게 행동할 것이라고 생각한다. 실제로 건설업처럼 위험하고 유해한 환경에서도 이런 접근법을 채택한다.

이와 별개로 몇 건의 안전사고나 위기일발의 상황은 그리 치명적으로 보이지 않을 수도 있다. 하지만 산업재해의 기록, 유지 및 신고 규정RIDDOR; Reporting of Injuries, Diseases and Dangerous Occurrences Regulations으로 알려진 2013년 의회 법안에 따라 건설사는 위기일발의 상황을 포함해 모든 안전사고를 기록해야 한다. 또한 사업 계약을 입찰할 때 RIDDOR을 공개해야 하기 때문에 이 기록이 사업의 재정적 성공에 파급 효과를 미칠 수 있다. 두 건설사 중에 하나를 선택해야 하는 상황에서 한 곳의 RIDDOR을 다른 건설사보다 높다면 이것이 5천만 파운드의 계약을 체결하느냐 마느냐를 가르는 결정적 이유가 될 수 있다. 따라서 보건과 안전은 건설사의 상업적 성공을 결정하는 중요한 요소가 된다.

넛지로 공사장을 안전하게

● ● ●

비전문가가 봤을 때 건설 산업은 일반 건축업자들이 모인 동질의 한 팀일 수 있다. 하지만 모든 건설 작업에는 기초 공사를 하는 기초 작업자와 건물을 짓는 건축업자부터 건물 내부를 바꾸는 조립 및 개조 전문가에 이르기까지 여러 전문가 팀이 필요하다. 이런 조립 전문 업체 중 하나가 오버버리Overbury이다. 영국 업계에서 지난 75년간 품질과 혁신을 주도해온 오버버리는 2017년에 사우스뱅크에 위치한 셸 런던 본사의 내부 개조를 맡았다.

오버버리는 이미 보건 및 안전 분야에서 업계 선두 주자로 손꼽히지만 다음 단계로 도약하여 현장에서의 위험한 행동을 근절하고자 했다. 코리의 이사진 중 한 명인 사이먼 걸리포드는 보건 및 안전 접근법을 논의하는 데 앞장서고자 오버버리 회의에 참석해 직원들이 더욱 안전하게 행동하도록 장려하는 새로운 포스터 캠페인을 고안했다. 사이먼은 그들이 해오던 것만 계속하면 항상 같은 결과를 얻을 것임을 알고 있었기에 혁신적인 접근 방식이 필요하다고 제안했다. 현장의 위험한 행동을 근절하고자 한다면 위험하지만 쉬운 길을 택하려고 게으름을 피우는 무의식적 인적 요인을 개선할 필요가 있었다.

오버버리의 경영진을 만났을 때 제즈는 오버버리가 우수한 보건 및 안전 규약으로 프로젝트 관리를 훌륭히 해낸다는 것을 분명히 알 수 있었다. 여기에 행동과학을 적용한다면 오버버리는 보건 및 안전 분야에서 단연 선구자로 거듭날 것이었다. 도시의 아기들 프로젝트에서 반사회적 행동을 줄이기 위해 넛지가 어떻게 활용됐는지, 제조 환경에서 손도장이 손 위생을 어떻게 개선했는지 살펴본 오버버리 경영진은 행동과학으로 경쟁적 우위를 차지할 수 있으리라 확신했다.

건설업계에서 일해본 적이 없는 제즈와 코리 팀은 이해관계자들을 한자리에 모아 역할을 나눴다. 오버버리의 건축 책임자인 팀 찰턴헌트가 보증을 맡았고 라이더마시 OCAID라는 건설 보건 및 안전 컨설팅이 합류했다. 영국 해군에서 헬리콥터 조종사로 근무한 앤디 패터슨이 프로젝트의 조직 심리학을 맡았다. 앤디 패터슨은

혈기 왕성한 남성이 대부분인 환경의 정서와 문화에 정통한 인물이었다. 다른 여러 컨설턴트가 사무실 안에서만 근무했다는 사실을 감안하면 현장 경험으로 무장한 앤디가 프로젝트에 참여한다는 것만으로도 신뢰가 갔다.

행동 검사로 문제 파악하기

오버버리의 직원들이 왜 가끔씩 위험한 지름길을 택하는지 명확한 그림을 얻기 위해 코리 팀은 현장 및 원격 조사를 시작해 심리적 통찰을 얻었다. 무엇보다 그들의 목표는 직원들이 높은 곳에서 작업을 하거나 물건을 옮길 때(자재 이동) 하게 되는 위험한 행동을 근절하는 것이었다. 코리 팀은 습관 형성과 위험 부담, 상업 환경에서의 안전에 관한 학계의 연구 문헌을 조사한 뒤 현장 관찰 조사를 진행해 위험한 행동을 부추기거나 저지하는 무의식적 요인 및 장애물을 파악했다. 마지막으로 인터뷰를 진행해 안전한 행동을 장려하거나 방해하는 사회적, 문화적 요소를 평가했다.

종합해보니 이런 접근법을 통해 몇 가지 행동 통찰이 드러났다. 첫째, 테스토스테론 수치가 높은 젊은 남성들이 위험을 무릅쓰려는 욕구가 높았다. 여기에 시간적 제약까지 맞물릴 때 그들은 위험한 지름길을 택하고픈 유혹에 시달렸다. 나이가 있지만 부상을 입어본 적 없는 남성들은 이런 위험한 지름길을 택하면서도 자신에게는 불상사가 일어나지 않으리라 낙관했다. 그들이 위험한 행동을 마다하지 않는 습관적 패턴을 수년 동안 이어온 것은 이렇게 해서 작업을 더 빨리 끝낼 수 있었기 때문이다. 결국 그릇된 행동이 현상으로 자리 잡았고, 이후 더 많은 직원이 그 뒤를 따르면서 이런 행동이 표준으로 굳어진 끝에 강력한 사회적 규범이 됐다.

행동 통찰로 안전 넛지 고안하기

이렇게 얻은 통찰을 활용해 그들은 상호 창조적인 워크숍을 열어 행동을 변화시키기 위한 넛지를 고안했다. 12장에서 우리는 한 조직 내에서 다양한 분야의 사람들을 한데 모아 공동 워크숍을 여는 것이 중요하다는 사실을 알아보았다. 이번 프로젝트에는 오버버리의 대표들과 행동 안전 전문가 및 행동과학자, 그리고 현장의 문제를 정확히 파악할 수 있는 전기 기술자 등 오버버리의 하도급 업자들이 참여했다. 이 모든 이해관계자가 모여 아이디어를 창안한다는 것은 곧 모든 사람이 해결책에 대해 주인 의식을 품고 결과적으로 최종 아이디어에 전념할 수 있다는 뜻이었다.

오전 중에 사람들은 행동과학의 핵심 원리를 익혔고 이후 행동 검사로 얻은 행동 통찰을 활용해 다 함께 머리를 모아 여섯 가지 개입을 고안해냈다. 4장에서 소개한 STAR 기술을 이용한 끝에 여섯 가지 개입 방법을 세 가지 아이디어로 압축했다. 그 세 가지는 테스토스테론 수치를 줄이는 차분한 구내식당, 좋은 행동에 보상을 주는 골드카드 제도, 그리고 직원들이 관리자의 시선에서 현장 안전을 파악하도록 돕는 주간 산책이었다.

분홍색 구내식당

• • •

현장의 구내식당은 직원들의 고조된 정서 상태와 테스토스테론 수치를 완화해 위험한 행동을 줄일 수 있도록 열을 식히는 구역으로 재설계됐다. 그러면서 구내식당의 벽을 베이커 밀러 핑크, 또는 드렁크 탱크 핑크로 칠했다. 이 색은 교도소에서 폭력적인 수감자들을 진정시키는 데 사용된 색이었다. 알렉산더 샤우스Alexander Schauss 박사는 워싱턴 타코마에 있는 미국 생물학적 사회 연구 협회 소장으로, 분홍색이 수감자들에게 미친 영향에 주목했다.

"분홍색이 있는 곳에서는 화를 내거나 공격을 가하려 해도 그럴 수 없다. 분홍색 앞에서는 심장 근육이 그렇게 빨리 움직이지 못하기 때문이다. 분홍색은 평온한 색으로 에너지를 떨어뜨린다. 색맹인 사람도 분홍색 방 안에서는 차분해진다."[66]

이런 효과를 고려해 구내식당의 벽을 이 특별한 분홍색으로 칠함으로써 직원들이 근무하러 돌아가기 전에 격앙된 마음을 진정하게 했다.

구내식당에는 분홍색 벽과 함께 식물과 공동 식탁을 더 많이 배치하고 자연광을 더했다. 더불어 벽에 포스터를 붙여서 직원들이 시간을 두고 자신의 작업을 안전한 방향으로 계획할 수 있도록 독려했다. 분홍색 벽과 새로운 가구 배치, 포스터가 한데 어우러진 구내식당은 차분한 정서 상태를 이끌어 직원들이 현장에서 안전하게 행동하도록 북돋았다.

골드카드 제도

• • •

좋은 행동을 보상하고 강화하기 위해 각 직원에게 물리적인 골드카드가 지급됐다. 이 인센티브 제도에 가입한 직원들은 보상제도뿐만 아니라 안전하게 행동하겠다는 약속의 표시로 카드에 사인하라는 요청을 받았다. 더불어 골드카드에 회원 가입 시작 일을 기록해서 가입 기간을 강조하고 보상제도에 대한 주인 의식을 높였다.

골드카드를 소지한 직원들은 매주 말에 경품 추첨 대상자로 지목되는데, 그전에 위험한 행동을 한 것이 적발되면 해당 주의 추첨에서 제외됐다. 좋은 행동을 더욱 장려하기 위해 같은 회사에서 추첨에 제외된 사람이 세 명 이상이면 그 회사 전체가 추첨에서 제외됐다. 무작위 보상이 일관된 보상보다 더욱 동기를 부여한다는 사실을 감안해 경품 추첨은 누구나 참여할 수 있는 무작위 추첨으로 진행됐다.[67] 어떤 주에는 스마트 HD 55인치 TV가 경품으로 나왔고, 그다음 주에는 막스앤스펜서 150파운드 상품권이 나왔다.

사람들이 손실을 입고 느끼는 고통은 같은 크기의 이익을 얻고 느끼는 즐거움보다 두 배 더 크다는 사실을 감안하면 직원들이 골드카드를 잃게 되리라는 사실을 아는 것 자체가 강력한 자극제가 됐다.[68] 이런 개념이 효과가 있는 것은 모든 직원이 첫날부터 자동적으로 같은 출발선상에 놓이기에, 그들이 과거에 어떤 행동을 했든 이제부터 안전한 행동을 할 것이라는 높은 기대를 안고 일을 시작할 수 있기 때문이다. 무죄추정의 원칙에 따라 신뢰를 얻은 직원들은 자신감도 얻으면서 신뢰에 상응하는 행동으로, 즉 보건 및 안전 규약을 준수하여 은혜를 갚겠다는 의욕을 보였다.

주간 산책

• • •

마지막 개입은 오버버리에서 기존에 진행되던 개입을 기반으로 했으며 직원들이 현장 안전의 중요성을 관리자의 입장에서 바라보도록 고안됐다. 주간 산책 시간 동안 직원들은 교대로 보건 및 안전 전문가와 함께 현장을 돌아다니며 동료들이 무릅쓰는 위험을 평가했다. 이때 제공되는 안내문에는 심리학을 활용해 직원들의 좋은 행동을 강화하는 여러 질문이 들어 있었다.

예를 들어 산책 도중에 안전하지 못한 행동이 관찰되면 직원들에게 그 행동의 위험성과 그로 인한 손실에 대해 생각해보도록 권했다. 더불어 안내문에서는 직원들에게 자신은 그 업무를 달리 어떻게 처리할 것인지, 이런 상황에서 안전을 유지하려면 무엇을 해야 하는지, 위험한 행동을 피하려면 어떻게 해야 하는지 등의 질문을 던졌다. 마지막으로 산책에 참여한 직원은 자신 역시 그와 같이 행동한 적은 없는지, 그리고 무엇보다 그렇게 행동한 이유가 무엇인지 생각해보라는 권유를 받았다. 이런 질문에 답하면서 직원들은 그런 행동의 잠재적 위험이 시간 절약 같은 이점보다 더 크다는 사실을 깨달았다.

은밀한 관찰자

• • •

결과를 측정할 때면 이를 알아차린 직원들이 동료들에게 그들의 행동이 평가받고 있음을 경고하며 "킬리만자로!"라고 외칠 것이 분명했다. 세 가지 개입의 성공 여부를 측정하기 위해서는 은밀한 관찰이 필요했다. 호손 효과는 행동과학 실험에서 종종 드러나는데, 피실험자들이 관찰받고 있다는 사실을 인식하면 평소와 다르게 행동하는 현상을 일컫는다. 이런 관찰자 효과를 피하면서 직원들의 근무 방식을 파악하기 위해 실용적 행동 설계자인 피파 페니쿡Pippa Pennycook이 보건 및 웰빙 전문가로 지정됐다.

오버버리의 직원들은 피파의 주머니에 딸깍거리는 기계가 두 개 들어 있다는 사실을 알지 못했다. 이 두 기계는 안전하지 못한 행동이 관찰될 때마다 그 횟수를 세는 데에 쓰였다. 관찰은 개입이 시행되기 전 4주 동안과 개입이 시행될 당시 12주 동안 일주일에 두 번씩 행해졌다. 관찰자로 인지될 만한 행동 패턴을 최소화하고 직원들이 측정 사실을 알아보지 못하도록 매주 다양한 시간에 아침 관찰과 오후 관찰을 진행했다. 관찰자들은 현장의 모든 구역과 층을 가능한 선까지 관찰했고 각 층을 두 번씩 관찰했다.

달라진 건설 현장의 모습

• • •

종합해보면 세 번의 개입으로 높은 곳에서 작업할 때 벌이는 위험한 행동은 82퍼센트 감소했고 위험한 자재 운반은 93퍼센트 감소했다. 이들 결과는 모두 통계적으로 중요한 의미가 있었다. 오버버리 측은 저비용의 개입만으로 이러한 결과를 얻었다는 사실에 놀라움을 금치 못했다.

성공을 입증한 제즈는 BBC 라디오 4의 일상 소비생활 관련 프로그램인 〈유앤유어스You and Yours〉에 출연하여 분홍색 벽으로 추락 사고를 예방한 방법에 관해 인터뷰했다. 이 프로젝트는 건축 보건 및 안전 혁신상을 받았고 2019년 국제 안전상에서도 인정받았다. 오버버리는 지금도 골드카드 제도와 주간 산책을 계속 이어가고 있으며 분홍색 벽으로 된 차분한 구내식당을 모든 현장에 적용했다. 보건 및 안전 접근 방식을 지속적으로 개선하기 위해 오버버리는 현재의 골드카드 제도를 모바일 스크래치카드 등으로 바꾸고, 안전하지 못한 행동의 위험성을 극대화하는 촉감 피드백으로 가상현실 경험을 제시하는 등 디지털 혁신의 기회를 엿보고 있다.

제즈와 코리 팀은 이 프로젝트의 성공에 힘입어 건설 현장에서의 안전사고를 예방하고 궁극적으로 목숨을 살리는 것을 목표로 행동과학을 계속 적용하면서 건설 현장에서의 위험한 행동을 줄여나가고자 분투하고 있다.

하우투넛지 당신의 세계에 행동과학을 초대하라

40 1-39까지의 핵심을 따라라

"우리에게는 언제나 두 가지 선택안이 있다. 성장을 향해 앞으로 나아가거나 아니면 안전한 길로 물러서거나."

욕구 단계설로 잘 알려진 미국의 심리학자 에이브러햄 매슬로 Abraham Maslow가 한 말이다. 우리는 항상 해오던 안전한 길을 따를 수도 있고, 아니면 앞으로 한 걸음 더 나아가 작은 넛지를 시도해 조직에 엄청난 영향을 미칠 수도 있다. 분명 힘겹고 때로는 골치 아픈 과정이겠지만 여기서 소개한 39가지 방법을 사용하면 어떤 상황에서든 유연하게 대처해 힘든 순간도 이겨낼 수 있다.

행동과학의 여러 방법은 구조가 탄탄하고 견고하지만 이를 현실 문제에 적용하려면 창의력과 융통성이 필요하다. 당신의 세계를 개선하기 위해 넛지를 설계하는 모험을 시작하면서 최선의 계획도 바뀔 수 있다는 사실을 받아들여라.

수천 개의 기회가
당신 앞에 있다

지금까지 우리는 넛지가 전 세계의 여러 문제에 막대한 영향을 미친 과정을 살펴보면서 당신에게도 이와 같은 성공을 안겨줄 39가지 단계를 알아보았다.

모든 것은 아이디어에서부터 시작했다. 그리고 행동과학을 연구실 밖으로 끄집어내 현실 세계로 불러와 조직 내에 적용하는 법을 알아보았다. 행동과학을 활용해 기존의 아이디어를 정당화하는 법에 대해서도 이야기했다. 외부의 이해관계자를 끌어들이기 전에 내부에서 작은 시험 운영을 해보는 것이 중요하다는 사실도 익혔다. 또한 필요한 결과를 얻지 못할 경우에는 아이디어를 그때그때 바꿔 적용하는 것이 중요하다는 사실도 알았다.

사람들도 빼놓을 수 없다. 가장 창의적인 넛지 아이디어를 고안하고 실행하는 데 도움을 줄 사람들로 팀을 조직하는 것이 중요하다. 서로 다른 집단이 함께 머리를 모아 행동과학 해결책을 고안하도록 워크숍을 진행하는 방법에 대해서도 알아보았다. 방대한 조직 안에서 각기 다른 집단의 사람들을 한데 모을 수 있는 행동과학의 몇 가지 팁도 살펴보았다. 올바른 교육을 받으면 조직 내의 모든 사람이 넛지를 설계할 수 있다는 사실 역시 알아보았다.

더불어 당신의 넛지를 성공시킬 방법을 살펴보았다. 우리의 두뇌가 태생적으로 게으르다는 사실을 알고 측정하기 쉬운 눈앞의 결과물이 아닌 개입의 실제 결과를 측정하기 위해 노력을 아끼지 말 것을 촉구했다. 행동 변화를 대규모로 단행하려면 작은 넛지를 큰 넛지와 결합해야 한다는 사실도 알아보았다. 행동과학을 대규모로 적용할 준비가 됐을 때 올라가야 할 사다리의 단계를 살펴보았고, 넛지의 윤리를 확인하는 방법에 대한 지침도 익혔다.

행동과학을 현실 세계에 적용하기란 쉽지 않은 일이지만 앞서 소개한 여러 단계를 착실히 밟아나간다면 성공에 이르는 최상의 기회를 얻을 것이다.

최근 행동과학자들은 엄격하게 통제된 실험실에서 실험을 진행하면서도 중대한 실험의 결과를 복제하기 위해 고군분투했다. 이런 모습은 현실 세계의 문제를 해결하기 위해 행동과학을 적용하는 복잡한 과정과 대조된다. 이 책에서 전한 이야기는 모두 수많은 교란 요인이 존재하는 통제되지 않은 혼란스러운 환경에서 일어났다. 더군다나 여기에 소개한 개입에서는 대부분 한 번에 여러 넛지를 사용했는데, 학계에서는 이런 방법을 꺼린다. 한 개입에 여러 넛지를 결합하면 어떤 요소가 가장 효과적인지 어떻게 알겠는가? 흥미롭게도 이런 이야기를 통해 우리는 수많은 넛지를 동시에 적용하면 반복적인 결과를 얻는다는 사실을 알게 됐다.

따라서 단 하나의 행동과학 원리를 복제하려는 것에서 벗어나 특정 상황에 효과가 있을 만한 여러 넛지의 조합을 적용하는 데에 초점을 맞추는 것이 더 이로울 수 있다. 결국 인간이 어떻게 행동하는지 아무리 이해한들 현실 세계를 개선할 수 없으면 무슨 소용이 있겠는가? 이런 접근 방식에 따르면 반복적이고 일관된 비즈니스가 성공한다. 지금까지 제즈는 이런 사고방식을 견지한 결과 비즈니스에서 단 한 번도 실패하지 않았다.

학계가 비즈니스에 영향을 미치고 비즈니스가 학계에 영향을 미치는 미래에는 행동과학이 큰 도약을 할 것이다. 학자들은 한 가지 심리학적 원리를 증명하기 위해 통제된 연구에서 개별 데이터를 모아 눈부신 업적을 거뒀지만 인간 행동에 대한 보편적 거대이론은 규정하지 못했다. 하지만 기업이 인간의 행동에 대한 데이터를 점점 더 많이 수집하면서 이런 방대한 데이터를 학계에 제공한다면 인간의 행동 모델을 실시간으로 수량화하고 개선할 수 있다.

이제 점점 더 많은 사람이 각자의 산업에 행동과학을 적용하기 시작했으니 이와 관련한 공동체가 차츰 형성되리라 기대한다. 이런 공동체를 통해 사람들은 학습을 공유하고 서로 지지할 것이며 발전

속도도 빨라질 것이다.

응용행동과학의 미래는 이제 당신의 손에 달렸다. 이 책을 통해 무수한 사례 연구와 방법을 알게 됐으니 다음은 당신이 이들을 활용할 차례다. 조직에서 인간의 문제를 해결해 효율과 수익성을 높이고 성공하는 데 기여할 수천 개의 기회가 당신의 눈앞에 있다. 그럼 어디서부터 시작할 것인가?

1 조직 사람들에게 행동과학의 적절성을 알리기 위해 동료들을 상대로 작은 실험을 진행해 그 조직만의 증거 사례를 포착하라.

2 사람들의 상상력을 사로잡을 짧은 영상을 만들어 증거 사례에 생명을 불어넣어라.

3 동료들을 상대로 실험하고 있다면 속임수를 최소화해 신뢰를 잃지 마라.

4 독창적인 행동 변화 아이디어를 고안하려면 메아리 방에서 나와 외부의 영향을 받아들여라.

5 서로 다른 사람들과 협력하라. 다양한 능력이 우연한 발견을 이끌 것이다.

6 위험하고 혁신적이고 정신 나간 아이디어가 큰 보상으로 돌아올 수 있다. 그러니 이런 아이디어를 시험하기 위해 예산을 확보하라.

7 뜬금없는 시기에 위대한 아이디어가 탄생할 수 있다. 그러니 미래를 위해 이런 아이디어를 서랍 깊숙이 넣어두어라.

8 아이디어가 효과를 발하는 행동 기제를 파악하기 위해 정당

화하기 전에 간소화하라.

9 당신의 아이디어가 효과가 있음을 증명하려면 외부 이해관
   계자들을 끌어들이기 전에 작은 실험을 진행하라.

10 넛지 아이디어를 고안하기 위해 워크숍을 열 때에는 첫 단추
   를 잘 꿰는 것이 중요하다.

11 워크숍을 열 때 그날의 일정을 미리 알려라.

12 그날 있었던 일을 함께 정리하면서 워크숍을 마무리하라.

13 행동과학의 가치를 의심하는 비관론자를 위해 행동과학의
   개인적 효과(그들 자신이 편향과 정신적 지름길에 취약하다는 사
   실을 보여준다)와 전문적 효과(그들의 업무와 관련한 사례 연구를
   제시한다)를 직접 경험하게 하라.

14 개입에서 원하는 결과를 얻기 위해 테스트 앤 런 접근법을
   반복적으로 채택하라.

15 당신의 아이디어를 선보일 때 개인적 약점을 드러내거나 작
   은 실수를 저질러서 사람들의 긴장을 풀어라.

16 당신의 행동과학 아이디어를 실현시킬 기술을 보유한 사람
   들과 관계를 맺어라.

17 당신의 독보적인 아이디어를 실현시킬 사람들과 관계의 생
   태계를 구축하라.

18 행동은 그 맥락과 떼려야 뗄 수 없이 연결되어 있다. 따라서 행
   동과 관련된 구체적 맥락에 대한 통찰을 얻는 것이 중요하다.

19 행동을 대대적으로 변화시키려면 한 나라의 국민 전체에 적
    용할 큰 아이디어가 필요하다.

20 이런 큰 아이디어에 더해 개인적 차원에서 행동을 변화시키
    려면 작은 아이디어 역시 필요하다.

21 바로 앞에서 언급한 크고 작은 아이디어를 행동 모델과 한데
    엮어라.

22 조직 내에 행동과학을 대대적으로 도입하기 위해서는 첫 번
    째 증거 사례를 확보하는 것이 가장 중요하다.

23 대규모 조직 전반에 행동과학을 적용하고자 한다면 걷기도
    전에 뛰려 하지 마라. 프루핑 사다리를 한 번에 한 단씩 차근
    차근 올라라.

24 조직에 행동과학을 적용하려면 시간이 걸린다. 충분히 인내
    한다면 행동과학의 결실을 맛볼 수 있다.

25 팀원들에게 행동과학을 교육하고자 한다면 무료 정보부터
    활용하도록 장려하라.

26 행동과학에 대한 좀 더 전문적인 교육을 원한다면 공개 시장
    의 교육 과정을 살펴라.

27 조직 전체에 행동과학을 적용하고자 하는 단계에 이르렀다
    면 내부 훈련을 진행할 행동과학 전문가를 고용하라.

28 개입의 성공 여부를 측정할 때에는 내면의 인지적 구두쇠에
    맞서 진정한 결과를 측정하라.

29 개입의 가치를 입증하는 간단한 방법은 고객 유치나 유인, 확대에 들어간 비용이 감소했음을 증명하는 것이다.

30 실제 상황에서 행동의 변화를 측정하는 것은 복잡한 일이다. 이때 마주하게 될 감정적 롤러코스터를 예상하라.

31 비즈니스에서 넛지를 고안할 때 그것이 개인적 윤리에 상응하는지 확인하라.

32 당신의 넛지가 기업의 윤리에 상응하는지 확인하기 위해 위험 관리 및 법률 팀과 함께 관리 회의를 진행하라.

33 당신의 넛지가 더 넓은 시장의 윤리에 상응하는지 확인하기 위해 다양한 규제 기관의 윤리적 지침을 파악하라.

34 여러 분야에 걸친 팀을 자극해 행동 문제를 함께 풀어나가기 위해 희소성을 이용하여 그들의 참여를 유도하라.

35 다양한 조직의 사람들을 한자리에 모아 프로젝트를 진행할 때에는 권위 있는 전달자의 후원을 받아라.

36 팀원들이 행동과학을 활용해 문제를 해결하는 일에 자신의 시간과 노력을 투자하도록 약속할 것을 요구하라.

37 행동 변화를 위한 개입을 고안하기 전에 행동 검사로 문제를 진단하라.

38 문제를 파악했다면 행동 개입을 고안해 문제를 해결하라.

39 마지막으로 실험을 진행해 개입의 결과를 측정하고 그 효과를 증명하라.

감사의 글

⋮

제즈

진로를 바꿔 행동과학 분야에 몸담은 지난 10년 동안 변함없이 곁을 지켜준 아내 조와 아들 루이스, 마일스, 알렉스에게 고마운 마음을 전하고 싶다. 가족들 덕분에 일에 대한 열정을 불태울 수 있었고 보수가 높은 회사도 박차고 나올 수 있었다!

가족 식사나 행사 자리에서 내가 행동과학에 대한 일화와 이야기를 끝없이 쏟아낼 수 있도록 마음을 열고 끈기 있게 들어준 부모님 매기와 앨런, 장모님 모린과 친척들 헬렌, 마크, 클레어, 크리스, 해리스, 딘, 미셸, 엔피스, 세렌, 닉에게 감사드린다.

2011년 12월, 모험을 무릅쓰고 새로운 행동과학 연구소 오길비 체인지에 귀중하고 때로는 값비싼 시간과 자원을 투자해준 레이첼 해튼과 애넷 킹, 폴 오도널에게 감사의 마음을 전하고 싶다. 오길비 랩의 수장 니콜 예르손 역시 오길비 체인지에 시간과 돈을 쏟아 붓고 우리가 도시의 아기들 같은 프로젝트로 새로운 고객의 마음을 사로잡아 새 분야를 개척하기까지 물심양면으로 도와주었다.

행동과학 연구소를 처음 꾸리면서 만난 직원들과 함께 일하며 더 없이 즐거웠다. 오길비 체인지의 팀원인 댄과 줄스, 치오사, 피트, 레베카, 비샬, 엘레너에게 깊이 감사드린다. 그들은 현재 행동과학 및 컨설팅 분야에서 성공가도를 달리고 있다.

알려지지 않은 영웅, 조애나 네라는 성황리에 첫선을 보인 넛지 스톡 축제를 연이어 세 번 이끌면서 꿈을 현실로 만들었다. 충분히 인정받을 자격이 있는 그는 지금까지 매년 계속되는 콘퍼런스의 기반을 함께 다지는 데 일조했다.

그리고 독립한 나는 새로운 행동과학 연구소인 코리 컨설팅을 열었다. 그때 윌과 로나, 사이먼, 폴, 스티브의 도움이 없었다면 이런 일은 불가능했을 것이다. 이 자리를 빌려 그들에게 감사드린다.

더불어 코리 팀의 일원인 지바와 라피, 피파, 엘라, 피비, 오언, 제스, 아짐, 제이미, 샘, 랄프, 앤디, 존, 리카드, 에마, 에이미, 크리스티안에게 무한한 감사를 드린다. 모두 우리 비즈니스를 최대한 인간적으로 만드는 데 열과 성을 쏟아 부었다. 우리의 인연이 오래오래 이어지기를 바란다.

샐리와 크레이그, 루시, 크리스를 비롯해 해리먼 하우스 직원들이 없었으면 이 책은 세상에 나오지 못했을 것이다. 조언을 아끼지 않으면서 자신의 기량과 지식을 마음껏 펼쳐준 그들에게 가슴 깊이 감사드린다.

마지막으로 이 책에 숨을 불어넣어준 나의 공동 저자, 에이프릴에게 진심으로 감사드린다. 그의 인내와 근면성실함 덕분에 책이 빛을 볼 수 있었다. 여기에 소개된 이야기는 내 경험에서 나온 것이지만 문장은 모두 그녀의 손을 거쳤다. 이 이례적인 이야기를 엮어낸 그녀의 탁월한 능력에 다시 한번 고마움을 전한다.

에이프릴

누군가에게 자신의 이야기를 하려면 상대방을 무한히 신뢰해야 한다. 그런 면에서 나를 전적으로 믿어준 제즈에게 먼저 감사드린다. 제즈가 그간 겪고 느낀 무수한 통찰을 듣고 배우고 표현하는 특권을 누릴 수 있어 행복했다. 대학에서 4년 동안 배운 것보다 지난 1년간 그와 함께 일하면서 배운 것이 더 많았다. 이런 멋진 기회를 안겨준 그에게 뭐라고 감사의 말을 전해야 할지 모르겠다.

끊임없이 격려해주고 식지 않는 열의를 보여준 성실한 편집자, 크레이그 피어스에게도 감사드린다. 그와 함께 일하는 내내 진심으로 즐거웠다. 그의 전폭적인 지원이 없었으면 이 책은 나오지 못했을 것이다. 해리먼 하우스의 다른 직원들에게도 고마운 마음을 전한다. 샐리 덕분에 이 책이 시작되었고 루시 덕분에 이 책이 세상에 알려졌으며, 크리스 덕분에 멋진 표지가 완성되었다.

이 책의 첫 샘플 원고에 유익한 피드백을 건네준 피트 다이슨과 오길비의 놀라운 업적을 빠짐없이 소개해준 댄 베넷에게 무한한 감사를 드린다.

그리고 흔쾌히 자신의 이야기를 이 책에 담을 수 있게 해준 코리의 지바와 라피, 피파, 엘라에게 고마운 마음을 전한다. 매일매일 그들과 함께 일하는 것이 나에게는 큰 기쁨이었다. 코리의 윌과 랄프, 제이미, 오언, 피비, 제스, 아짐, 에마, 존, 앤디에게도 역시 감사드린다. 저자 사진을 찍어준 샘에게도 감사드린다.

무엇보다 내가 원하는 일을 할 수 있도록 묵묵히 지원해주고 수학에서 심리학으로 전공을 바꿀 때에도 흔쾌히 지지해준 부모님, 헤이즐과 올리버에게 특별히 감사드린다. 부모님은 내가 경제적 이익보다 개인적 성취를 우선시하는 일을 추구할 수 있도록 격려해주었다. 그리고 내가 하는 모든 일에 변함없이 기뻐해주는 조부모님께도 감사드린다. 아마존에 멋진 리뷰 남겨주신 것도 미리 감사드린다.

이 책 서문의 방향을 짚어준 언니 비에게도 고마운 마음을 전한다. 언제나 언니가 택한 삶의 길을 따라갈 수 있게 해줘서 고맙다.

마지막으로 언제 어디서든 긴장을 풀어헤치고 마음껏 웃게 해주는 로비에게 고맙다는 말을 전한다.

감정적 간극empathy gap 감정 및 충동이 자신은 물론 타인의 의사 결정에 미치는 영향을 과소평가하는 현상을 말한다.

공동 주의joint attention 사람들의 시선을 따라가려는 경향으로, 유아기 때부터 드러난다.

권위자 편향authority bias 권위를 드러내는 대상에게 쉬이 영향을 받으며 의사나 변호사 등 해당 분야에 정통한 권위자의 말을 더 믿으려는 경향을 뜻한다.

규범social norms 암암리에 관습적으로 이어지는 사회적 행동을 일컫는다.

깨진 유리창 이론broken windows theory 무법 상태를 암시하는 작은 징후가 더 큰 위법 행위를 부추기는 현상을 말한다.

넛지nudge '팔꿈치로 슬쩍 찌르다', '주위를 환기시키다'라는 뜻의 넛지는 미국의 행동경제학자 리처드 세일러Richard H. Thaler와 법률가 캐스 선스타인Cass R. Sunstein에 의해 '사람들의 선택을 유도하는 부드러운 개입'이라는 용어로 새롭게 정의되었다.

노력 휴리스틱effort heuristic 무언가를 만들 때 들인 노력의 양을 그 노력의 질과 연관 짓는 것을 일컫는다.

단순 노출 효과mere exposure effect 어떤 대상에 익숙해질수록 그에 더욱 호감을 보이는 경향을 일컫는다.

단어 우월 효과word superiority effect 단어를 짧은 시간 안에 접할 때에는 낱자 하나하나가 아닌 단어 단위로 파악하기가 더 쉬운 현상을 가리킨다.

대인 행동 이론 Theory of Interpersonal Behaviour, TIB 의도와 습관, 행동을 촉진하는 조건 등의 영향을 받는 행동을 개념화한 이론이다. 이 이론의 강점은 사회적, 환경적 요인의 결과로 드러난 복잡한 행동을 설명할 수 있다는 것이다.

디폴트 편향default bias 기본 설정된(디폴트) 선택안을 유지해 흐름을 그대로 따름으로써 인지적 노력을 아끼려는 경향을 의미한다.

모호성 기피ambiguity aversion 확률이 알려지지 않은 위험보다 확률이 알려진 위험을 더 선호하고, 모호한 선택이나 약속에 대한 결정은 기피하려는 경향을 일컫는다.

범이론적 모델transtheoretical model 변화의 단계로도 알려진 이 이론은 금연 같은 의도적인 행동 변화의 과정을 설명한다.

사회적 정체성social identity 누구나 자신이 속한 집단의 정체성을 일부 차용하며, 자아상을 드높이기 위해 자신이 속한 집단의 지위를 높이려 한다.

사회적 증거social proof 우리는 사회 집단의 규범을 따라 주변 사람들의 행동을 그대로 따르는 경향이 있다.

상대성 편향relativity bias 주변 환경과 어울리는 지각 판단을 내리는 경향을 말한다.

상호주의reciprocity 인간은 사회적 동물로서 약속을 통해 신뢰를 쌓는다. 이에 따라 상대방에게 작은 선물을 받으면 당연히 그 빚을 갚겠다고 생각하는 성향을 일컫는다.

생태학적 유의성 이론ecological valence theory 사람의 색상 선호가 이전의 정서적 연관성에서 영향을 받는다고 말하는 이론이다.

서열 위치 효과serial-position effects 어떤 대상의 처음과 끝에 나오는 것을 떠올리기가 더 쉬운 현상을 말한다. '초두 효과'와 '최신 효과' 참조.

선택 설계choice architecture 의사 결정의 맥락을 변경하고 그 맥락에 영향을 미치는 것을 일컫는다.

손실 회피loss aversion 같은 양의 이득보다 손실의 영향력을 두 배 더 크게 느끼기 때문에 손실을 피하려는 경향을 말한다.

순응conformity 사회 집단 안에서 다수의 행동에 순응하려는 경향을 의미한다. '사회적 증거' 참조.

실수 효과pratfall effect 작은 실수를 저질렀을 때 더욱 호감을 얻는다는 사실을 가리킨다.

앵커링 효과anchoring effect 하나의 정보에 노출되면 그 정보가 다음의 판단에 영향을 미치는 현상을 말한다.

얼굴 표정 흉내facial mimicry 가령 다른 사람이 웃는 모습을 보면 그 사람의 웃는 표정을 미세하게 따라하려는 경향을 말한다.

열성적/냉담한 정서 상태hot/cold affective states 자신의 행동과 의사 결정이 기분에 좌우된다는 사실을 과소평가하는 경향을 가리킨다.

유도priming 결정을 내릴 때 무의식적으로 환경적 요인의 영향을 받는 것을 의미한다.

인센티브incentives 행동을 자극하는 것들을 의미한다. 가령 재정적인 것, 혹은 어떤 행동에 대한 혜택이나 대가 등 더 폭넓은 것으로 정의할 수도 있다.

인지 과부하cognivite overload 작동 기억이 너무 많은 정보로 과부하가 됐을 때를 일컫는다.

인지 부조화cognitive dissonance 두 개의 모순된 믿음을 동시에 견지할 때 느끼는 불편한 감정을 일컫는다.

인지적 구두쇠cognitive miser 구두쇠가 돈에 인색하듯이 마음은 본질적으로 게을러서 인지 에너지를 소비하길 꺼린다는 의미를 담고 있다.

전달자 효과messenger effect 정보를 전달한 사람이 누군지에 따라 그 정보에 대한 평가가 현격히 달라지는 경향을 일컫는다.

정서affect 행동과학에서 정서 상태affective states라고 알려진 감정으로, 행동에 막대한 영향을 미칠 수 있다.

초두 효과primacy effect 어떤 대상의 중간보다 첫 부분을 기억하기가 더 쉬운 현상을 말한다. 이에 따라 초반의 경험이 전반적인 인상을 형성한다.

최신 효과recency effect 최근에 얻은 정보를 기억하기가 더 쉬운 현상을 일컫는다.

프레임 의존성frame dependence 선택이 관련 맥락에 따라, 가능한 비교 대상과의 관계에 따라 영향을 받는 것을 의미한다.

현실 갈등 이론realistic conflict theory 집단 간의 갈등을 그린 심리적 모델로, 집단 간의 적대감은 희소 자원을 얻기 위한 경쟁에서 비롯된다고 말한다.

현재 중시 편향present bias 지연된 만족보다 즉각적인 만족을 주는 대상에 조급하게 이끌려 성급히 결정을 내리는 경향을 일컫는다.

현저성salience 눈에 잘 띄고 시선이 끌리는 대상에 더욱 관심이 가는 것을 일컫는다.

호손 효과 Hawthorne effect 실험 참가자들이 실험 도중 자신이 관찰되고 있다는 사실을 알면 평소와 다르게 행동하는 경향을 일컫는다.

혼재 변수confounding variables 실험 결과에 영향을 미친 숨겨진 요인을 일컫는다.

휴리스틱heuristics 의사 결정 과정을 단순화한 지침으로, 이용 가능한 정보를 활용해 실현 가능한 결정을 신속하게 내리는 것이 목적이다.

희소성 편향scarcity bias 우리는 풍부한 것보다 희소한 물체나 자원에 더욱 가치를 둔다.

p-값p-value 통계적 분석의 유의미함을 알리는 수치. p-값이 작다는 것은 실험 결과가 우연히 나올 확률이 낮다는 것이므로 작은 p-값은 실험 결과를 믿어도 된다는 의미이다.

p-해킹p-hacking 구체적인 p-값을 획득하기 위해 데이터를 조작하는 행위를 말한다.

참고 문헌

‾
‾
–

1장

Ariely, D. 'Are we in control of our own decisions?', TED, www.ted. com/talks (2008).

Ariely, D. *Predictably Irrational: The Hidden Forces That Shape Our Decisions* (New York, Harper Perennial, 2010).

Ariely, D. and Loewenstein, G., 'The Heat of the Moment: The Effect of Sexual Arousal on Sexual Decision Making', *Journal of Behavioral Decision Making* 19 (2006), 87 – 98.

Bargh, J. A., Chen, M. and Burrows, L., 'Automaticity of social behavior: Direct effects of trait construct and stereotype activation on action', *Journal of Personality and Social Psychology* 71 (1996), 230 – 244.

Kahneman, D., Thinking, Fast and Slow (New York, Farrar, Straus and Giroux, 2011).

Meyers, A. W., Stunkard, A. J. and Coll, M., 'Food accessibility and food choice. A test of Schachter's externality hypothesis', *Arch Gen Psychiatry* 37 (1980) 1133 – 1135.

Thaler, R. H. and Benartzi, S., 'Save More TomorrowTM: Using Behavioral

Economics to Increase Employee Saving', *Journal of Political Economy* 112, No. S1 (2004), pp. S164 – S187.

Wansink, B., Painter, J. and Van Ittersum, K., 'Descriptive Menu Labels' Effect on Sales', *Cornell Hospitality Quarterly* 42:6 (2001).

2장

Bushman, B., Wang, M. and Anderson, C., 'Is the Curve Relating Temperature to Aggression Linear or Curvilinear? Assaults and Temperature in Minneapolis Reexamined', *Journal of Personality and Social Psychology* 89 (2005), 62 – 6.

Dabbs, J. M., Jr., Hargrove, M. F. and Heusel, C., 'Testosterone differences among college fraternities: Well-behaved vs. rambunctious', *Personality and Individual Differences* 20:2 (1996), 157 – 161.

Demir, A., Uslu, M. and Arslan, O. E., 'The effect of seasonal variation on sexual behaviors in males and its correlation with hormone levels: a prospective clinical trial', *Cent European* J Urol. 69:3 (2016), 285 – 289.

Evans-Pritchard, B., worksthatwork.com/1/urinal-fly (2013).

Glocker, M. L. et al., 'Baby schema in infant faces induces cuteness perception and motivation for caretaking in adults', *Ethology* 115 (2009), 257 – 263.

Wilson, J. Q. and Kelling, G. L., 'Broken Windows: The police and neighborhood safety', *The Atlantic*, www.theatlantic.com/magazine/archive/1982/03/broken-windows/304465 (1982).

3장

Crime Survey of England and Wales, ONS, www.ons.gov.uk

Loewenstein, G., 'Hot-cold empathy gaps and medical decisionmaking', *Health Psychology* 24, Suppl. 4 (2005), S49 – S56.

4장

Asch, S., 'Forming impressions of personality', *Journal of Abnormal and Social Psychology* 41:3 (1946), 258 – 290.

Dolan, P., Hallsworth, M., Halpern, D., King, D., Metcalfe, R. and Vlaev, I., 'Influencing behavior: the MINDSPACE way', *Journal of Economic Psychology* 33 (2012), 264 – 77.

Murdock, B. B., 'The serial position effect of free recall', *Journal of Experimental Psychology* 64:5 (1962), 482 – 488.

5장

Aronson, E., Willerman, B. and Floyd, J., 'The effect of a pratfall on increasing interpersonal appeal', *Psychonomic Science* (1966).

Kahneman, D. *Thinking, Fast and Slow*.

Reicher, G. M., 'Perceptual recognition as a function of meaningfulness of stimulus material', *Journal of Experimental Psychology* 81:2 (1969), 275-280.

Sutherland, R., 'It Isn't a Replication Crisis. It's a Replication Opportunity', behavioralscientist.org (Oct 2018).

6장

Kruger, J., Wirtz, D., Boven, L. and Altermatt, T., 'The effort heuristic', *Journal of Experimental Social Psychology* 40 (2004), 91 – 98.

7장

BBC, 'The Mexicans dying for a fizzy drink', www.bbc.co.uk/news/magazine-35461270 (2016).

OECD, 'Obesity and the economics of prevention: fit not fat. Key facts – Mexico, update', www.oecd.org/mexico/Obesity-Update2014-MEXICO_EN.pdf (2014).

Olshansky, S. J., Passaro, D. J., Hershow, R. C., Layden, J., Carnes, B. A., Brody, J., Hayflick, L., Butler, R. N., Allison, D. B. and Ludwig, D. S., 'A Potential Decline in Life Expectancy in the United States in the 21st Century', *New England Journal of Medicine* 352 (2005) 1138–1145.

Prochaska, J. O. and DiClemente, C. C., 'The transtheoretical approach', in Norcross, J. C. and Goldfried, M. R. (eds.) *Handbook of Psychotherapy Integration* (New York, Oxford University Press, 2nd ed., 2005), pp. 147–171.

Wansink, B. and van Ittersum, K., 'Portion size me: Plate-size induced consumption norms and win-win solutions for reducing food intake and waste', *Journal of Experimental Psychology: Applied* 19:4 (2013), 320–332.

9장

Hoffman, E., McCabe, K. A. and Smith, V. L., 'Behavioral foundations of reciprocity: Experimental economics and evolutionary psychology', *Economic Inquiry* 36:3 (1998) 335–352

Kahneman, D., Knetsch, J. L. and Thaler, R. H., 'Anomalies: The Endowment Effect, Loss Aversion, and Status Quo Bias', *The Journal of Economic Perspectives* 5:1 (1991) 193–206.

Langer, E., Blank, A. and Chanowitz, B., 'The mindlessness of Ostensibly Thoughtful Action: The Role of "Placebic" Information in Interpersonal Interaction', *Journal of Personality and Social Psychology* 36:6 (1978) 635-642.

Prison Reform Trust, 'Prison: the facts', Bromley Summer Briefings, www.prisonreformtrust.org.uk (2018).

10장

Hansen, K., Gerbasi, M., Todorov, A., Kruse, E. and Pronin, E., 'People claim objectivity after knowingly using biased strategies', *Personality and Social Psychology Bulletin* 40 (2014), 691-699.

Martin, C. K., Johnson, W. D., Myers, C. A., Apolzan, J. W., Earnest, C. P., Thomas, D. M., Rood, J. C., Johannsen, N. M., Tudor-Locke, C., Harris, M, Hsia, D. S. and Church, T. S., 'Effect of different doses of supervised exercise on food intake, metabolism, and non-exercise physical activity: The E-MECHANIC randomized controlled trial', *The American Journal of Clinical Nutrition* (2019).

Stanovich, K. E., 'The cognitive miser: ways to avoid thinking', *What Intelligence Tests Miss: The Psychology of Rational Thought* (New Haven, Yale University Press, 2009), pp. 70-85.

11장

Accenture, 'From me to we: The rise of the purpose-led brand', accntu.re/33n5LN5 (2018).

Friedman, M., 'The Social Responsibility of Business Is to Increase its Profits',

The New York Times (13 September 1970), 122 – 126.

Shampanier, K., Mazar, N. and Ariely, D., 'Zero as a Special Price: The True Value of Free Products', *Marketing Science* 26:6 (2007), 742 – 757.

Sunstein, C. 'The Ethics of Nudging', *Yale Journal on Regulation* 32:2 (2015), 413 – 450.

Willis, L., 'When Nudges Fail: Slippery Defaults', *The University of Chicago Law Review* 80:3 (2013), 1155 – 1229.

12장

Cialdini, Robert B., *Influence: Science and Practice* (Boston, Allyn and Bacon, 4th ed., 2001 [1984]).

Farroni, T., Massaccesi, S., Pividori, D. and Johnson, M. H., 'Gaze following in newborns', *Infancy* 5 (2004), 39 – 60.

Festinger, L., *A Theory of Cognitive Dissonance* (Evanston, IL, Row, Peterson, 1957).

Finzi, E., *The Face of Emotion: How Botox Affects Our Moods and Relationships* (Macmillan, 2014).

Jiwa, M., Millett, S., Meng, X. and Hewitt, V. M., 'Impact of the presence of medical equipment in images on viewer's perceptions of the trustworthiness of an individual on-screen', *Journal of Medical Internet Research* 14, e100 (2012).

Kahneman, D. and Tversky, A., 'Prospect theory: An analysis of decision under risk', *Econometrica* 47 (1979), 263 – 291.

Malia, M., Lee, A. J., Wiley, E. A. and Ames, D., 'Precise Offers Are Potent Anchors: Conciliatory Counteroffers and Attributions of Knowledge in

Negotiations', *Journal of Experimental Social Psychology* 49 (2013), 759 – 763.

Milgram, S., 'Behavioral Study of obedience', *The Journal of Abnormal and Social Psychology* 67:4 (1963), 371 – 378.

Mintel, 'Brits Spent £12.3 Billion On Online Groceries In 2018', www.mintel. com (2019).

Mittone, L. and Savadori, L., 'The Scarcity Bias', *Applied Psychology* 58:3 (2009), 453 – 468.

Sherif, M., Harvey, O. J., White, B. J., Hood, W. R. and Sherif, C. W., *Intergroup conflict and cooperation: The Robbers Cave Experiment* (Vol. 10), Norman, OK, University Book Exchange (1961).

Statista, 'Market share of grocery stores in Great Britain from January 2015 to May 2019', www.statista.com (2019).

Staw, B. M., 'Knee-deep in the big muddy: a study of escalating commitment to a chosen course of action', *Organizational Behavior and Human Performance* 16:1 (1976), 27 – 44.

Strecher, V. J., Seijts, G. H., Kok, G. J., Latham, G. P., Glasgow, R., DeVellis, B., Meertens, R. M. and Bulger, D. W., 'Goal setting as a strategy for health behavior change', *Health Education Quarterly* 22 (1995), 190 – 200.

Tesco Key facts, www.tescoplc.com/about/key-facts (2019).

Zajonc, R. B., 'Attitudinal Effects Of Mere Exposure', *Journal of Personality and Social Psychology* 9:2 (1968), 1 – 27.

13장

Centers for Disease Control and Prevention, 'Estimates of Foodborne

Illnesses in the United States', www.cdc.gov/foodborneburden (2014).

Dolan, P., Hallsworth, M., Halpern, D., King, D., Metcalfe, R. and Vlaev, I., 'Influencing behavior: the MINDSPACE way', *Journal of Economic Psychology* 33 (2012), 264 – 77.

Palmer, S. E. and Schloss K. B., 'An ecological valence theory of human color preference', *Proceedings of the National Academy of Sciences* 107 (2010), 8877 – 82.

Triandis, H. C., *Interpersonal Behaviour* (Monterey, CA, Brook/ Cole, 1977).

World Health Organization (WHO), 'Waterforhealth:takingcharge', www.who.int/water_sanitation_health/wwdreportchap4.pdf (2001).

14장

Jessie Potter quote in Ahern, T., 'Quality Called Key To Life', page 5, column 5, The Milwaukee Sentinel (24 October 1981).

Kahneman, D. and Tversky, A., 'Prospect theory'.

Walker, M., *The Power of Color* (New York, Avery Publishing Group, 1991), pp. 50 – 52.

Wright, J. C., 'Consistency and complexity of response sequences as a function of schedules of noncontingent reward', *Journal of Experimental Psychology* 63:6 (1962), 601 – 609.

주
▾
▾
▾
▾

1   Thaler and Benartzi (2004).

2   TED (2008).

3   Kahneman (2011).

4   Meyers, Stunkard and Coll (1980).

5   Wansink, Painter and van Ittersum (2001).

6   Bargh, Chen and Burrows (1996).

7   Ariely and Loewenstein (2006).

8   Evans-Pritchard (2013).

9   Bushman, Wang and Anderson (2005).

10   Demir, Uslu and Arslan (2016).

11   Dabbs, Hargrove and Heusel (1996).

12   Wilson and Kelling (1982).

13   Glocker et al. (2009).

14   Crime Survey for England and Wales.

15   Loewenstein (2005).

16   Dolan, Hallsworth, Halpern, King, Metcalfe and Vlaev (2012).

17   그 예로, Asch (1946).

18   Murdock (1962).

19   Rory Sutherland (2018).

20   Kahneman (2011).

21   Reicher (1969).

22   Sutherland (2018).

23   Aronson, Willerman and Floyd (1966).

24   Kruger, Wirtz, Boven and Altermatt (2004).

25   OECD (2014).

26   BBC (2016).

27   Olshansky et al. (2005).

28   Prochaska and DiClemente (2005).

29   완싱크의 연구 논문 중 다수는 p-해킹이라는 비난을 받고 철회되었다.
        통계적으로 유의미한 결과를 얻기 위해 데이터를 늘리고 부정확한 통계
        분석을 사용한 것이다. 하지만 5장에서 언급했다시피 행동과학을 민간
        부문에 적용할 때에는 p-해킹의 영향력이 그리 위협적이지 않다. 이런
        연구가 개입에 대한 흥미로운 아이디어를 창출하는 데 도움이 된다면
        영감의 원천으로서 여전히 가치가 있다.

30   Wansink and van Ittersum (2013).

31   Hoffman, McCabe and Smith (1998).

32   Prison Reform Trust (2018).

33   Kahneman, Knetsch and Thaler (1991).

34   Langer, Blank and Chanowitz (1978).

35   그 예로 Hansen et al. 참고 (2014).

36   Stanovich (2009).

37   Martin et al. (2019).

38   Friedman (1970).

39   Accenture (2018).

40   Sunstein (2015).

41   Shampanier, Mazar and Ariely (2007).

42   Willis (2013).

43   Tesco (2019).

44   Statista (2019).

45   Mintel (2019).

46   Cialdini (2001).

47   Jiwa, Millett, Meng and Hewitt (2012).

48   Sherif, Harvey, White, Hood and Sherif (1961).

49   그 예로, Strecher et al. (1995).

50   Festinger (1957).

51   Zajonc (1968).

52   Kahneman and Tversky (1979).

53   Finzi (2014).

54   Farroni, Massaccesi, Pividori and Johnson (2004).

55   Malia, Lee, Wiley and Ames (2013).

56   Mittone and Savadori (2009).

57   Milgram (1963).

58   Staw (1976).

59   Centers for Disease Control and Prevention (2014).

60   WHO (2001).

61   Triandis (1977).

62   Dolan et al. (2012).

주

63   Palmer and Schloss (2010).

64   Triandis (1977).

65   Dolan et al. (2012).

66   Walker (1991), pp. 50 – 52.

67   Wright (1962).

68   Kahneman and Tversky (1979).

옮긴이 홍선영

고려대학교 영어영문학과를 졸업하고 현재 전문 번역가로 활동하고 있다.
옮긴 책으로는 『나는 세계 일주로 경제를 배웠다』, 『나는 세계 일주로 자본주의를 만났다』,
『나를 비참하게 만들지 않는 기술』, 『침묵의 책』, 『중국의 슈퍼컨슈머』, 『브리프』 등이 있다.

넛지의 천재들

초판 1쇄 발행 2021년 1월 14일
초판 3쇄 발행 2023년 8월 21일

지은이 제즈 그룸, 에이프릴 벨라코트 **옮긴이** 홍선영

발행인 이재진 **단행본사업본부장** 신동해
편집장 김경림 **디자인** 데시그
마케팅 최혜진 백미숙 **홍보** 반여진 허지호 정지연
국제업무 김은정 **제작** 정석훈

브랜드 리더스북
주소 경기도 파주시 회동길 20
문의전화 031-956-7035(편집) 031-956-7129(마케팅)
홈페이지 www.wjbooks.co.kr
인스타그램 www.instagram.com/woongjin_readers
페이스북 https://www.facebook.com/woongjinreaders
블로그 blog.naver.com/wj_booking

발행처 ㈜웅진씽크빅
출판신고 1980년 3월 29일 제406-2007-000046호

한국어판 출판권 ⓒ ㈜웅진씽크빅, 2020
ISBN 978-89-01-24779-3 (03320)